Michael Roes

Perversion und Glück

Michael Roes

Perversion und Glück

Mit einem Nachwort
von Matthias Kroß

Matthes & Seitz Berlin

Inhalt

»Und die werden wir zur Lüge erklären und die unseren nicht glauben lassen, daß Achill, der Sohn einer Göttin und Enkel des Zeus jede geistige Disziplin fehlte und er an zwei einander entgegengesetzten Krankheiten litt, an niedriger Habgier einerseits und an Hochmut gegen Götter und Menschen andererseits«, legt Platon im Dritten Buch seines Staates Sokrates in den Mund.

»Du hast recht«, stimmt Adeimantos ihm zu.

»Also wollen wir auch nicht glauben und uns erzählen lassen«, fährt Sokrates fort, »daß Theseus, des Poseidons Sohn, so schreckliche Raubzüge unternahm, noch daß irgendein anderer Göttersohn oder Heros sich unterfangen habe, derart schreckliche und gottlose Taten zu verüben, wie man sie ihnen jetzt lügnerischer Weise zuschreibt. Statt dessen wollen wir die Dichter zu der Erklärung zwingen, daß entweder die genannten nicht Urheber dieser Taten sind oder daß sie nicht Söhne von Göttern sein können. Beides zusammen aber dürfen sie nicht behaupten und unsere Jugend glauben zu machen versuchen, die Götter seien Urheber von Schlechtem und unsere Heroen seien um nichts besser als wir Menschen.«

Der Tod des Vaters

1

Im Gesamtwerk von Freud finde ich keinen einzigen Hinweis auf den Mythos von Theseus, Phädra und Hippolytos. Allenfalls dieses Fehlen ist signifikant.

2

Das äußerst beredsame und intrigenreiche Barocktheater wird schon bald durch strikte Sprachregelungen der Académie française gezähmt und domestiziert: Neologismen, ungebräuchliche, lautmalerische oder aus anderen Sprachen oder Dialekten entlehnte Wörter sind von nun an nicht mehr erlaubt.

Das Académie-Mitglied Jean Racine (1639 – 1699) ersetzt diese Reduzierung des Wortschatzes durch eine symbolische, metaphern- und anspielungsreiche Sprache, sowie den erfinderischen Einsatz nichtsprachlicher Mittel: Mimik, Gestik, »beredtes« Schweigen…

Die Phädra Racines ist so streng und konzentriert geschrieben, daß der Regisseur nonverbale Brücken bauen, der Schauspieler Blicke und Gesten erfinden und der Leser zwischen den Versen lesen muß. Die Leerzeilen, Gedankenstriche und Atempausen sind ebenso aussagereich wie die klassischen Alexandriner Racines.

3

Phädra ist die Tochter des Minos, König von Knossos, und der Pasiphae. Nachdem Minos einen von Poseidon aus dem Meer gesandten und zur Rechtfertigung seines Anspruchs auf den Königsthron erbetenen Stier nicht, wie versprochen, opfert, sondern seiner Herde einverleibt, rächt sich Poseidon und veranlaßt, daß sich Minos' Gemahlin Pasiphae in den Stier verliebt, mit ihm verkehrt und dem Minos den Minotauros gebiert.

Der Stier spielt in Minos Leben keine geringe Rolle, hat sich doch bereits sein Vater Zeus seiner Mutter Europa in Gestalt eines Stieres genähert und sie auf seinem Rücken nach Kreta entführt, wo sie ihm Minos gebar. Insofern war für diesen neuerlichen sodomitischen Liebesakt von Seiten Poseidons kein großer Zauber notwendig.

Minos sperrt diesen Bastard, den seine Frau ihm schenkt, in ein vom kunstreichen Daidalos geschaffenes Labyrinth. Als Rache für die Tötung seines erstgeborenen Sohnes Androgeos legt er den besiegten Athenern einen jährlich zu entrichtenden Tribut von sieben Jünglingen und sieben Jungfrauen auf, die er dem Minotauros, seinem Stiefsohn, zum Fraß vorwirft. Erst durch Theseus wird Athen von diesem Tribut befreit.

Auf der Suche nach Daidalos, der Theseus bei seinem Kampf gegen den Minotauros unterstützte und deshalb von Minos mit seinem Sohn Ikaros in eben jenem Labyrinth eingeschlossen wurde, das er selber einst schuf, findet Minos den Tod. Trotz allem gilt er den Kretern als gerechter Gesetzgeber und wird nach seinem Tod mit einem Richteramt in der Unterwelt geehrt.

Theseus hat zunächst mit Ariadne, Phädras älterer Schwester, eine Liebesaffäre. Ariadne hilft Theseus, aus dem Labyrinth ihres Vaters herauszufinden, und flieht mit ihm auf die Insel Naxos, wird dort aber von Theseus sitzen gelassen, der ihr die jüngere Schwester Phädra vorzieht. Später entführt er die erst zwölfjährige Helena aus Sparta, jene Helena, die einige Jahre darauf mit dem schönen Trojaner Paris durchbrennt. Wir kennen die geopolitischen Folgen. – Selbst Persephone versucht Theseus noch, der Unterwelt zu entreißen. Der für seine zahlreichen Heldentaten berühmte Sohn des Poseidon ist auch und vor allem ein Frauenheld.

Eine weitere, für unsere Tragödie wichtige Affäre des Theseus ist sein Liebesabenteuer mit der Amazonenkönigin Antiope. Sie ist dem griechischen Helden so sehr verfallen, daß sie als Beweis ihrer leidenschaftlichen Liebe sogar die eigene Stadt Thermiskyra an ihn verrät.

Als Theseus mit König Deukalion, dem Sohn des Minos, ein Bündnis schließt und dessen Schwester Phädra heiratet, widersetzt sich Antiope. Vollbewaffnet stürmt die Amazonenkönigin in die Hochzeitsfeierlichkeiten und bedroht die Gäste. Theseus tötet sie in einem erbitterten Kampf, obwohl sie ihm bereits einen Sohn, Hippolytos, geboren hat und ihm so treu ergeben war, daß sie niemals mit einem anderen Mann geschlafen hat.

Hippolytos verehrt wie seine Mutter Antiope die keusche Artemis. Aphrodite betrachtet diese mönchische Strenge als eine Beleidigung ihres besonderen Ranges. Also beschließt sie, ihn zu bestrafen. Das Werkzeug der Rache ihrer gekränkten Eitelkeit ist Hippolytos' junge Stiefmutter Phädra.

Täglich kommt sie, um unbeobachtet zuzuschauen, wie der nackte Hippolytos sich im Boxen und Ringen übt. Obwohl sein Gesicht hart im Ausdruck ist, bewundert sie sein junges, athletisches Aussehen. Da der Sohn des Theseus ihre leidenschaftlichen Gefühle aber nicht erwidert, verfällt sie der Schwermut.

Sie ißt wenig und schläft schlecht und wird endlich so schwach, daß ihre alte Amme die Wahrheit errät und sie überredet, dem jungen Hippolytos ihre Liebe zu gestehen.

Sie versucht es mit List. Sie hetzt ihn gegen den Vater auf, der seine leibliche Mutter getötet habe. Doch Hippolytos durchschaut die Intrige und weist Phädra brüsk zurück.

Verzweifelt und beschämt kehrt Phädra die Auseinandersetzung in ihr Gegenteil und behauptet, Hippolytos habe sie mit seiner Liebe bedrängt und ihr Gewalt angetan. Sie sendet einen Botschafter an Theseus mit dieser ungeheuerlichen Verleumdung. Dann erhängt sie sich.

Als Theseus die Nachricht erhält, stellt er seinen Sohn zur Rede, doch glaubt seinen Beteuerungen nicht. Er verbannt ihn aus Athen und bittet seinen Vater Poseidon, Hippolytos noch am selben Tag sterben zu lassen.

Als Hippolytos durch die Enge des Isthmus fährt, rollt eine riesige Welle gegen die Küste. Von ihrem Kamm springt ein großer weißer Stier, ein weiteres Mal von den tiefen blauen Seeweiden des Meergottes, seines Großvaters, gegen die Menschen gehetzt. Die Pferde scheuen, der Jüngling wird abgeworfen, verfängt sich im Gespann und wird von seinen Rössern zu Tode geschleift.

4

Roland Barthes urteilt, Phädras grundlegende Schuld sei nicht ihr Verlangen, sondern ihr Schweigen.

5

Als ein tragisches Verhängnis – im Unterschied zu einem traurigen oder zerstörerischen Unfall – bezeichnet Georg Simmel die gegen uns gerichteten vernichtenden Kräfte, die aus den tiefsten Schichten unseres Selbst entspringen. Mit unserer Zerstörung vollzieht sich ein Schicksal, das in uns selbst angelegt und sozusagen die logische Entwicklung eben der Struktur ist, mit der wir unsere eigene Positivität aufgebaut haben.

6

Was ihre Leidenschaft gebietet, verbietet ihr die Trauer. Könnte Phädra ihrer Liebe oder ihrer Treue entsagen, wäre der Zwiespalt überbrückt und der tragische Konflikt beseitigt. Phädra aber vermag weder das eine noch das andere, weil zu beidem zwar die Möglichkeit in ihr selber, aber nicht die Freiheit dazu liegt.

Der tiefere Zwiespalt aber, schreibt Peter Szondi, ist nicht der zwischen Liebe und Pflicht, der wahre

Konflikt liegt im Inneren der Liebe allein. Denn Phädra liebt Hippolytos nicht nur, weil er der *Sohn* ihres Mannes ist, sie liebt ihn zugleich, *weil* er es ist. Was ihrer Liebe zu ihm entgegensteht, ist so auch deren eigenes Motiv: Phädra liebt in Hippolytos den Theseus, der einst nach Kreta kam, den Helden, in den sie sich verliebte. Die Liebe zu dem Theseus der Vergangenheit zieht sie zu seinem Sohn hin. Treue und Untreue verschlingen sich in ihrem Herzen.

Der Inzest – sofern das Wort hier noch einen Sinn hat – ist auch bei Phädra ein Zeichen, ein Symptom für die übermächtige Bindung an ein Bild, dem die Wirklichkeit nicht (oder nicht mehr) zu genügen vermag.

7

Phädra ist nach Robert Graves ein Abbild ihrer Mutter Pasiphae, Göttin des Orakels der spartanischen Könige: Sie gilt als Mondgöttin und spricht aus den Träumen. – Ursprünglich unterstanden alle Orakel der Erdgöttin. Deren Autorität war so groß, daß die patriarchalischen Eroberer gewöhnlich ihre Schreine in Besitz nahmen und die Priester oder Priesterinnen in ihrem Dienst beließen.

Hippolytos verehrt wie seine Mutter Antiope die Göttin Artemis, jungfräuliche Tochter des Zeus, Zwillingsschwester Apolls, Herrin der Wilden Tiere, des

Waldes und der Jagd. Sie ist zugleich die Mondgöttin Selene oder, im römischen Pantheon, Diana.

Diesen Kult betrachtet Aphrodite als Häresie ihrer eigenen Anbetungswürdigkeit. Aphrodite ist die Göttin der Liebe, der Schönheit und Verführungskunst. Ihr, wie ihrer kanaanitischen und babylonischen Verkörperungen Ischtar und Astarte, wird mit Tempelorgien und -prostitution gehuldigt. Dem Kriegsgott Ares gebiert sie den Eros, als Schönste der Göttinnen ist sie die Geliebte des Adonis.

Hippolytos' Schönheit ist streng und asketisch. Heimlich beobachtet Phädra ihn bei seinen Übungen. Ihre Lust ist zunächst Schaulust, eine Lust der Augen. Weil Hippolytos ihren Blick nicht mit derselben Lust erwidert, richten sich Scham und Bitterkeit gegen sie selbst.

Apollinisches und dionysisches Prinzip stehen im Widerstreit: Hippolytos' Verehrung der Reinheit, der geistigen und körperlichen Disziplin scheint unvereinbar mit Phädras leidenschaftlicher, ja rasender Lust und Hingabe.

Hippolytos ist entsetzt über das Geständnis Phädras. Beider Haltung kennt kein Maß, erlaubt keine Synthese, keinen Ausgleich. Phädra immerhin phantasiert den begehrten Inzest so glaubwürdig, daß ihr Gemahl Theseus ihn für wahr hält.

Und die Psychoanalyse lehrt uns, daß es neben oder unterhalb des Faktischen auch eine Wahrheit des

Unbewußten, des Wünschens und Fürchtens gibt. Im grundlosen Ozean des Begehrens sind alle, selbst der unschuldige Hippolytos, schuldig.

Am Ende steigt aus dem Schaum, der einst Aphrodite, die Göttin der Schönheit und des Begehrens, zeugte, ein großer weißer Stier, das reine männliche, das väterliche Geschlecht, das der Vater in seiner Jugend, im Labyrinth des Minos, besiegt zu haben glaubte, doch nun erneut sein dämonisches Haupt erhebt und Hippolytos' Pferde scheuen läßt, so daß die wildgewordenen, zügellosen Tiere ihren Herrn zu Tode schleifen.

Das alles folgt der kühlen, unentrinnbaren Logik des Traumes oder auch des mütterlichen Orakels, das sich ja im Traum mitzuteilen pflegte.

8

Racines poetologische Grundsätze sind *simplicité*, Einfachheit, *plaire*, Gefallen, und *toucher*, Rühren, spätbarocke Varianten von Katastrophe und Katharsis für ein intrigenverliebtes höfisches Publikum.

9

Das Stück beginnt nicht mit einem Auftritt der Titelheldin, sondern mit der Figur, die im Mittelpunkt ihres

Begehrens steht: Hippolytos. Und Hippolytos' Rede – und damit das Stück – setzt ein mit einem Entschluß, der, würde er ausgeführt, die Tragödie verhindert hätte: Hippolytos will den vermißten Vater suchen.

Sein Erzieher spielt auf die vielen skrupellosen Liebesabenteuer des Theseus an, wenn er zu bedenken gibt, daß der Vater vielleicht gar nicht gefunden werden wolle.

Die Suche nach dem Vater ist Pflicht und – Flucht. Sein Leben lang hat Hippolytos versucht, nicht so zu sein wie sein Vater, nämlich ein treuloser Verführer. Nun liebt er, und die Liebe macht ihm Angst: *Haßte ich sie, ich müßte sie nicht fliehen.*

Das Stück setzt ein mit einem Konflikt, der womöglich der Schlüssel der ganzen folgenden Tragödie ist: dem ambivalenten Vater-Sohn-Verhältnis zwischen dem kühnen Helden Theseus, der Ungeheuer tötet und Herzen bricht, und Hippolytos, der die einen Abenteuer des Vaters nicht übertreffen kann und die anderen nicht übertreffen will. Neben der Bewunderung für den Vater steht Verachtung.

Hippolytos' Liebe zur Prinzessin Arikia verletzt ein Verbot des Vaters, der jedes Verhältnis zu dieser Frau aus einer feindlichen Familie untersagt hat. Auch Theseus achtet und verachtet seinen Sohn, liebt und fürchtet ihn. Er will in ihm den heldenhaften Erben heranwachsen sehen und will zugleich das Heldentum in ihm verhindern.

10

Bevor wir Phädra zum ersten Mal begegnen, ist von ihr die Rede. Ihre Amme beschreibt die innere Befindlichkeit ihrer Herrin: Verwirrung, Verzweiflung, Flucht vor den Menschen, verzehrt von einem verborgenen Schmerz.

Wenn sie selbst uns zum ersten Mal entgegentritt, treffen wir vor allem eine schwache, kraftlose Frau, die ihres Lebens müde ist. Es ist die Amme selbst, die verwirrt und verzweifelt erscheint. Phädras Schwäche und Todessehnsucht hingegen entspringt der klaren, unausweichlichen Erkenntnis ihrer wahren Gefühle.

Ihr Reden erst schafft die Verwirrung und die folgende Tragödie, die ihre protoanalytische Amme durch das abgepreßte Vertrauen zu verhindern suchte.

Das Reden, wo man hätte schweigen sollen, und das Schweigen, wo das Reden hätte retten können, treiben die Protagonisten in die Tragödie, das Reden und das Schweigen, jeweils zur falschen Zeit.

Nicht jedes Sprechen schafft Klarheit, nicht jedes Schweigen entstammt der Verwirrung. Der Irrtum der Psychoanalyse besteht darin, daß sich alle Konflikte durch Sprache »bearbeiten« ließen. Weitaus die meisten müssen wir wohl schweigend hinnehmen, weil sie unauflösbar sind. Das Reden würde nur den Schmerz vergrößern.

Jeder der Protagonisten hat bereits eine brauchbare Strategie entwickelt, mit seinem Leiden umzugehen, bevor die Verwirrung der anderen und ihr tyrannischer Wunsch zu helfen den unvermeidbaren, weil zum Leben gehörenden Schmerz zur Tragödie anwachsen läßt.

Braucht es noch den Zufall oder den Zynismus der Götter, den strategischen Umgang mit dem eigenen Leiden zusammenbrechen und uns in die kindliche Phase phantastischer Wunscherfüllung zurückfallen zu lassen, oder hätte sich dieser übermächtig gewordene Wunsch jenen Zufall selber geschaffen, der alle Grenzen des Faktischen mit zügellosem Begehren zu überschwemmen erlaubt: der Tod des Vaters?

11

Immer sind die Verführer zum Fehlurteil und zum Unheil die drängend helfenden Vertrauten, Ammen und Erzieher der noblen Protagonisten, als verkörpere sich in der Domestikenschar das unbändige Verlangen nach Wunscherfüllung, Selbstaufgabe und Verblendung. Ismene, die Vertraute Arikias, beharrt: *Theseus ist tot, nur Ihr wollt es nicht glauben!*

Arikia weiß, daß der Tod des Vaters ihre und Hippolytos' Fesseln lösen würde. Sie weiß aber auch, daß selbst am jenseitigen Ufer des Styx der Schatten des Vaters nicht gebannt ist.

Die nobel Liebenden meiden einander, um dem Geliebten das Leiden unter der Aussichtslosigkeit ihrer Liebe zu ersparen. Die Dienerinnen und Domestiken hingegen verführen sie zur Aufgabe der *Nobilitas*. Dabei geht diese Vornehmheit, dieser Edelmut zu Recht auf das lateinische Verb *noscere* zurück: erkennen, anerkennen. Das Gegenteil kennzeichnet die Haltung der Einredner: Ignoranz.

Und gierig hört das Herz, was es sich aus Einsicht bisher versagt hat. Hippolytos kommt ein letztes Mal, um Abschied zu nehmen und der Geliebten ihre Autonomie zurückzugeben. Arikia indessen glaubt der Vertrauten und hofft, sie könne Hippolytos' noblen Sinn beugen und ihn eine Sehnsucht lehren, die er aus Anerkennung der Umstände bisher im Zaum hielt.

Von nun an geht jeder zu weit, zunächst in der Rede, und jedes weitere Wort unterspült die Vernunft, und Geheimnisse werden preisgegeben, die die Wahrheit mehr verbergen als offenbaren.

Der Verschwiegene hat die Ohnmacht der Worte noch anerkannt. Der Redende wird vom Eigensinn seiner Worte fortgeschwemmt. Die Rede wird zum Gestammel, das auf Antwort, auf Erlösung hofft.

12

Es scheint, als ginge es um das richtige Wort zur richtigen Zeit. Als Phädra zum ersten Mal auf Hippolytos trifft, entfährt ihr: *Er ist es selber. Alles Blut strömt mir zum Herzen. Sein Anblick läßt mich jedes Wort vergessen.* – Jedes kluge, bewußte, angemessene, stolze Wort. Doch nun redet nicht mehr sie, die Worte reden selbst.

Dabei gibt es kein richtiges, kein angemessenes Wort für das, was Phädra empfindet. Nicht, weil ihr Empfinden unmoralisch oder maßlos wäre – dann gäbe es tatsächlich Hoffnung auf Erfüllung –, nein, weil es – viel einfacher und tragischer – nicht erwidert wird. Die einzige Möglichkeit, die eigene Integrität – und die des Geliebten – zu wahren, wäre, die Vergeblichkeit des Begehrens anzuerkennen und zu schweigen.

Phädra hingegen redet oder, genauer, läßt zu, daß die Worte ihr unbeherrscht aus dem Mund stürzen. Sie demütigt sich und den Geliebten, aus der traurig stolzen Königin wird eine um Mitleid buhlende Gefühlserpresserin, deren erniedrigendes Geständnis ihr keine Wahl als die Vernichtung des Geliebten und den eigenen Selbstmord lassen wird.

Aber vielleicht ist auch dieses Ende ja eine Form der Vereinigung, die einzig mögliche angesichts der Ausweglosigkeit des Begehrens.

Würde Phädra Hippolytos noch lieben, wenn sie wirklich hoffen dürfte, von ihm wiedergeliebt zu werden? Sie, die seine Mutter sein könnte und es in gewisser Weise ja auch ist, sie, die Anmut und Jugend liebt, kann sie sich wirklich in den Armen des schönen athletischen Jünglings vorstellen und darin Erfüllung finden?

Oder muß diese Wunscherfüllung nicht im Augenblick der Verwirklichung noch in einen maßlosen Haß auf Jugend und Schönheit und einen zerstörerischen Selbsthaß auf das eigene Alter und Altern umschlagen?

Phädra begehrt nicht gegen ihr widriges Schicksal auf, sie stellt sich gegen das Leben selbst, seinen unabänderlichen Verlauf und seine unüberschreitbare Grenze. Ihre Auflehnung ist nicht heroisch, sondern naiv. Für ihren Liebes- und Jugendhunger gibt es in keinem Leben Hoffnung.

13

Hier ist mein Herz, sieh her, hier mußt du treffen. Ich spüre, wie es deinem Arm entgegenschlägt. Stich zu!

Liebes- und Todessehnsucht verschmelzen in Phädras Wahn zu ein und demselben Akt. Doch Hippolytos verweigert selbst den Todesstreich, diese tiefste und blutigste Art der Penetration.

Die Liebe überfordert uns, den Liebenden wie den Geliebten. Wir wünschen uns nichts mehr als dieses Verlangen, das uns in den Wahnsinn treibt. Aber wir wünschen uns den Rausch beiderseits.

Bei Racine sind die Protagonisten nicht mehr blind für ihr Schicksal, wie Ödipus und die antiken Helden es noch waren. Sehenden Auges stürzen sie sich in ihr Verhängnis. Am Anfang steht die Todessehnsucht Phädras. Alles weitere ist ihre ureigene Inszenierung, diese Sehnsucht erfüllt zu sehen. Ganz bewußt hat sie sich gegen Selbstbeherrschung und Vernunft entschieden. Und an jeder neuen Wegscheide schlägt sie sich erneut auf die Seite der Unvernunft. Sie will sich verlieren, sie will an dieser Liebe zugrunde gehen, diese Selbstauslöschung ist das Wesen ihrer Liebe.

Und sie will den Geliebten mit über diese Grenze ziehen, will seinen Panzer der Kälte, des Ekels, der Selbstkontrolle zerbrechen, damit er im selben Feuer der Selbstaufgabe verbrenne.

Heute ist aus dem Wahnsinn und der Schmach einer Königin ein Vorbild für die ideale Liebe geworden. Was Racine uns zur Mahnung geschaffen hat, präsentiert die gegenwärtige Mythenproduktion uns zur Identifikation. Der Verrat an der eigenen Nobilitas interessiert uns nicht mehr, wir sehen nur noch die Psychologie. Für uns ist Phädras Schwäche nicht mehr der Auslöser einer Tragödie, für uns ist die Tragödie der romantische Ausdruck wahrer Leidenschaft. Wir glauben den Worten nicht mehr, wir glauben nur noch den Tränen.

Önone, diene meinem Wahn, nicht meiner Einsicht, bittet Phädra ihre Amme. Bis zu Freud hat man Racines PHÄDRA als Psychopathologia Sexualis lesen können.

Verhaßt ist ihm das weibliche Geschlecht, charakterisiert Önone den kühlen Jüngling in kühner Vorwegnahme von Freuds Inversions- und Narzißmustheorien. Nun, in unserer postanalytischen Kultur, wünschen wir uns die Pathologien zurück, als zeige sich in ihnen erst die wahre Liebe: Das romantische Begehren war immer ein krankes, ein unmögliches Begehren, eine Perversion.

So steht keine Rivalin mir entgegen, antwortet Phädra auf Önones hellsichtige Unterstellung. Die Aussichtslosigkeit einer Erwiderung ihrer Leidenschaft bringt sie nicht zur Vernunft, sondern macht ihre Liebe nur noch rasender.

14

Die Liebe habe ich bekannt, die seine Ehre schändet, und er lebt; mehr Worte braucht es nicht.

Der Vater und der Gatte lebt! Mit seiner Rückkehr werden die von der reinen romantischen Leidenschaft ausgesetzten Werte wie Ehre, Treue, Scham wieder eingesetzt. *Um die bedrohte Ehre zu bewahren, müßt Ihr alles opfern, und sei es selbst die Tugend,* mahnt Önone die Königin.

Während der Abwesenheit des Vaters war es allein die Liebe, der alles geopfert werden durfte. Die Rückkehr des Vaters bedeutet die Rückkehr der vorromantischen Werte und Autoritäten. Die Instanz des Vaters und das Konzept der Ehre waren eins. Jede Ehrverletzung berührte die Autorität des Vaters. Unter seiner Herrschaft gibt es die romantische, die ehr- und selbstvergessene Liebe nicht. Denn jeder, der unter seiner Autorität steht, repräsentiert diese Autorität. Es ist nicht die persönliche Ehre, die er zu wahren hat, sondern die des Clans, des väterlichen Namens.

So ist eine bewußte Hingabe an die romantische Liebe immer auch die Auflehnung gegen die väterliche Autorität. Bei Racine scheitert sie noch. Der Tod des Vaters stellt sich als fatale Wunschvorstellung heraus. Nach seiner Rückkehr wird Gericht gehalten, als sei die kurze Zeit seiner Abwesenheit nur eine Probe der Loyalität gewesen.

Eine Hoffnung, der strengen Hand des Vaters zu entkommen, gewährt nur der Vatermord. Aber ginge mit seiner Herrschaft nicht auch der romantische, grenzverletzende, also perverse Aspekt der Liebe und damit die Liebe selbst verloren? Hat sie nicht vom Verbot, von der Verletzung des Verbots gelebt?

15

»Ehre« entstammt dem mittelalterlichen Wort *ere*, das Ansehen, Herrschaft hieß. Die indogermanische Wurzel *ais* bedeutet ehrfürchtig sein, verehren.

Väterliche Autorität und Ehre sind identisch. Doch selbst Theseus ist nicht Herr der Ehre. Auch der König und Vater untersteht dem Ehrbegriff, der Größeres repräsentiert als Königtum oder Vaterschaft. Ehre ist der Kern seiner Autorität, über den er keine Gewalt hat, sondern dem er selber dient. Selbst er, der Vater, hat der Ehre seine Liebe und seine Leidenschaften zu opfern.

Die Ehre ist der soziale Spiegel des Selbst. Ohne den Anderen gibt es Ehre nicht.

Racines Tragödie zeigt, daß die Ehre nur zu wahren ist durch Verschwiegenheit. Wer redet, bringt sie in Gefahr; wer schwätzt, tötet sie. Die Ehre selbst ist ein Begriff, ein »Ruf« (das, was man *über uns sagt*), und kein Besitz; deswegen sind Worte ihr eigentliches Gift.

Geständnisse, Beichten, Entschuldigungen sind unvereinbar mit der Unhinterfragbarkeit der Ehre. In einer Zeit unbegrenzter Kommunikation kann es keine Ehre geben. Das Reden ist Schwäche, das Gestehen bereits ein Zeichen der Schuld. Wer gesteht, verrät seine Ehre. Und sei es durch ein Liebesgeständnis.

Mag sein, daß wir in dieser Zeit, in der wir alles zu benennen, zu erklären, zu entschuldigen versuchen, einen so autoritären Begriff wie Ehre gar nicht mehr brauchen. Indessen ist er uns in diesen Tagen unkontrollierter Geschwätzigkeit ohnehin längst abhanden gekommen. Unsere *Gesprächskompetenz* ist zum sozialen Spiegel unseres Selbst geworden.

16

Das eigentliche Geständnis, der Kern der Tragödie, nämlich die falsche Anklage gegen Hippolytos durch Phädras Amme Önone, spart Racine aus dem Drama aus. Wir erfahren nur Theseus Reaktion: *Was muß ich hören? Der Verbrecher, der Verräter hätte die Ehre seines Vaters so geschändet?* – Es ist, als wollte Racine uns Zuschauer vor dem Ehrlosesten, dem Rufmord, der Denunziation, bewahren.

Zugleich gibt er so dem Geständnis einen größeren Raum, als er durch Worte zu schaffen wäre. Denn es geht um eine tiefere Schuld, jenseits der falschen Anklage, für die allen Beteiligten die Worte fehlen, die aber gerade durch die Aussparung in uns Zuhörern laut wird. Diese Leerstelle öffnet den Raum für das Ungeheuerliche unserer Wünsche und Ängste.

Es reicht, daß wir das Unausgesprochene für möglich halten, und schon entfaltet es seine Wirkung. Das Klare, Handgreifliche erscheint plötzlich als Blendung und das Mögliche, das Unterstellte als das Tatsächliche: *Wem immer er vor Augen steht, wer wäre nicht von seiner Wohlgestalt geblendet? Warum ist nicht an unverwechselbaren Zeichen das trügerische Herz der Sterblichen erkannt?* – Das ist die Faktizität der Worte, um die das Konzept der Ehre weiß und deswegen mit der Zügelung der Worte einhergeht.

17

Das Stück begann mit einem Konflikt, der womöglich der Kern dieser Tragödie ist: dem ambivalenten Vater-Sohn-Verhältnis. Nun bricht der Konflikt sich tödlich Bahn. *O laßt mich endlich meinen Wagemut bewähren,* ruft Hippolytos bei der Rückkehr seines Vaters aus, ihn halb umarmend und schon halb aus seinen Armen fliehend. *Laßt mich, wenn je ein Ungeheuer Euch entrann, sein Haupt als Siegespfand zu Euren Füßen legen, oder die Erinnerung an einen tapferen Tod möge der ganzen Welt beweisen: ich war Euer Sohn!*

Unter den einschüchternden Augen des Vaters gibt es für Hippolytos keine Möglichkeit, erwachsen zu werden. Er muß den Vater töten oder fliehen. Und natürlich weiß der alternde Held Theseus von der Bedrohung, die seiner Autorität, ja seinem Leben im erstarkenden Sohn erwächst.

Beim folgenden Schlagabtausch zeigt Hippolytos sich so standhaft seinem Ungeheuer Vater gegenüber wie Theseus einst dem Minotaurus. In dem Wunsch, seinem Vater ebenbürtig zu sein, verteidigt Hippolytos einen Ehrbegriff, den der müde Held Theseus längst aufgegeben hat. Theseus rast, droht, flucht, ruft seinen Vater Poseidon um Hilfe für die Rache an. Hippolytos verteidigt sich nicht, klagt nicht an, schützt selbst die Ehre jener, die ihn denunzierte, und schweigt.

Theseus hat jedes Vertrauen in seine eigene Wahrnehmung, seine eigene Vernunft verloren. Er glaubt dem Geschwätz einer Amme mehr als dem eigenen Augenschein. Und durch die eigene voreilige Rede beschwört er eine unbedachte Tat herauf, der nicht nur das Allerliebste, sein Sohn, sondern auch das Eigenste, seine Vaterschaft und seine Ehre zum Opfer fällt.

18

Phädra sieht in Hippolytos bereits den jungen Theseus: *Er hatte Eure Augen, Euren Gang und Eure Sprache, Hippolytos, ein junger Held, der alle Herzen an sich reißt, treu und stolz, sogar ein wenig scheu, so wie Ihr jetzt vor mir steht!*

Und auch Theseus muß es sehen: *Ihr Götter! Wem immer er vor Augen steht, wer wäre nicht von seiner Wohlgestalt geblendet!* – Theseus spricht von seinem Sohn. Wie Phädra kann auch er sich mit dem Verlust der eigenen Jugend und dem Altern nicht abfinden. Immer noch zieht er auf Abenteuer aus, auf Liebesabenteuer mit immer jüngeren Geliebten, ein zunehmend lächerlicher Don Juan. Nun hält Hippolytos ihm den Spiegel vor. Beider, Phädras und Theseus' Unfähigkeit, sich in das Unvermeidliche zu fügen, fällt Hippolytos zum Opfer.

Doch gibt es auch diese Parallele: Begehrt Theseus seinen Sohn, liebt er Hippolytos, wie Phädra ihn liebt? Und liebt er ihn aus denselben Gründen wie Phädra hoffnungslos, weil Ehre und Elternschaft dazwischen stehen?

19

Kaum hat Theseus seinen Sohn in den Tod geschickt, bekennt er: *Ich habe dich geliebt; trotz des Frevels fühle ich, wie dein Geschick schon jetzt mein Inneres bewegt.*

Doch wie anders hätte dieser alte Mann seine Liebe zeigen können? *Welche Stimme*, fragt Theseus sich, als die Götter schon dabei sind, seinen unheilvollen Wunsch zu erfüllen, *welche Stimme spricht aus meinem Herzen durch ihre leise Klage meiner Strenge Hohn?*

Nur im Opfer kann der autoritäre Vater dem Sohn nahe sein, ohne seine eigene Autorität zu untergraben: *Nun, da ich ihm die Arme öffne, hätte das Ungestüm der Götter ihn gemordet?*

Die Opferung selbst trägt alle Züge einer väterlichen Vergewaltigung. Ein wilder Stier mit drohend aufgerichteten Hörnern stellt sich dem Sohn entgegen. Hippolytos wirft mutig seinen Speer auf das phallische Ungeheuer und reißt ihm eine tiefe Wunde in die Flanke. Des Stieres Wut- und Schmerzgebrüll läßt Hippolytos' Pferde scheuen. Sie kennen keine Zügel, keine Worte mehr, sondern schleifen blind den jungen Helden über Stein und Felsen, bis sein Leib nur mehr eine einzige Wunde ist.

Alle symbolischen Elemente einer rauschhaften Vereinigung sind in dieses Traumbild eingeflossen. Doch der Preis dieser mythischen Vereinigung ist hoch. Der Tod des Sohnes ist auch der Tod des Vaters: *Mein Sohn! Meine Hoffnung habe ich vernichtet.* –

Womöglich ist mit diesem inzestuösen Aspekt ein wesentliches Motiv jedes Sohnesopfers aufgedeckt. Der mörderische Haß auf die Jugend und Stärke des Sohnes ist nur die bewußt unbewußte Seite des tieferen Verlangens nach liebevoller Verschmelzung mit dieser Jugend und Stärke, die der Vater selbst einst verkörperte und im Sohn nicht nur wiederfindet, sondern immer noch ist: *Ich will, nachdem ich meinen Irrtum klar erkenne, nun meine Tränen mit des Sohnes Blut vereinen, und was blieb von seinem Leib, will ich umarmen.*

20

Nirgendwo in seinen Schriften erwähnt Freud den Mythos um Theseus, Phädra und Hippolytos. Doch dürfen wir davon ausgehen, daß der Gelehrte sowohl den antiken Stoff als auch seine Bearbeitung durch Euripides und Racine gekannt hat.

Ist vielleicht gerade das Ausblenden dieses Mythos aus dem Werk ein Symptom für die Virulenz in Freuds eigener Biographie? Stellt die Erfindung des Ödipus-Komplexes, stellt der Traum vom Vatermord womöglich bereits eine Strategie dar, das ursprünglichere und tiefere Trauma, nämlich das Sohnesopfer zu bearbeiten oder auf diesem phantasmatischen Wege zu verhindern?

Im Vorwort zur Traumdeutung schreibt Sigmund Freud: *Für mich hat dieses Buch noch eine andere, subjektive Bedeutung, die ich erst nach seiner Beendigung verstehen konnte. Es erwies sich mir als ein Stück meiner Selbstanalyse, als meine Reaktion auf den Tod meines Vaters, den einschneidendsten Verlust im Leben eines Mannes.* – Einschneidender als der Tod der Mutter, der Ehefrau, des Sohnes? Als Freuds Vater einundachtzigjährig stirbt, ist Sigmund Freud vierzig Jahre alt, verheiratet und Vater von sechs Kindern. Seine Vorbemerkung zur TRAUMDEUTUNG läßt sich nur durch seine eigene starke Bindung an den Vater erklären, für die es in der TRAUMDEUTUNG selbst viele Belege gibt.

Obwohl Freud sein Gefühls- und Privatleben wie ein großes Geheimnis hütete, ist doch bemerkenswert, daß die letzten Lebensmonate seines Vaters mit einer tiefen eigenen Krise einhergingen, an deren Ende die Aufgabe seiner Verführungstheorie stand. Diese Theorie besagte, daß Hysterie, Zwangsneurose und Paranoia aufgrund von sexuellen Erlebnissen entstünden, die vor der Pubertät stattgefunden hätten, dann aber aus Scham- und Schuldgefühlen verdrängt werden mußten. – Heute wissen wir, daß die Aufgabe dieser Theorie voreilig war: Auch für Freud hat letztlich nicht sein können, was nicht hat sein dürfen.

In der Nacht vor dem Begräbnis meines Vaters, schildert Freud einen eigenen Traum in der TRAUMDEUTUNG, *träume ich von einer bedruckten Tafel, einem Plakat oder Anschlagezettel – etwa wie die das Rauchverbot verkündenden Zettel in den Wartesälen der Eisenbahnen –, auf dem zu lesen ist, entweder:*

›Man bittet, die Augen zuzudrücken‹ oder

›Man bittet, ein Auge zuzudrücken‹.

Einem Toten die Augen zudrücken heißt, ihm einen letzten Dienst erweisen. Aber diese Gebotstafel ist ambivalent. Sie kann sich auch auf den Schauenden beziehen: Du sollst nicht merken, du sollst dich blind stellen. Und wenn du etwas gesehen hast, was du nicht hättest sehen dürfen, solltest du wenigstens Nachsicht üben. – Das immerhin hat Freud getan. Bezeichnet er in einem Brief vom 6. September 1896 noch die Perversion des Vaters als eigentliche Ursache der Verführung eines Kindes, wird zwei Jahre später das begehrende Kind zum neurotischen Verführer der Eltern, Hamlet, der insgeheim seine Mutter begehrt, Ödipus, der sie heiratet und damit berechtigterweise den Zorn des Vaters heraufbeschwört. – *Man bittet die Augen zuzudrücken!* Ödipus sticht sie sich aus.

Bei seinem Paradigmenwechsel von Hippolytos zu Ödipus zeigt auch Freud sich dem Vater nicht nur nachsichtig, sondern geradezu blind gegenüber. Denn auch Ödipus ist Opfer. Aber Freud *blendet* die ganze Vorgeschichte des Mythos aus: Nach verschiedenen griechischen Quellen dieser Sage gilt Laios als Begründer der *Paiderastia*, der gleichgeschlechtlichen Knabenliebe. Laios opfert seinen erstgeborenen Sohn Ödipus als Zeichen der Sühne, um Heras Zorn über Laios' Verführung des jungen Chrysippos zu beschwichtigen. – Laios ist genau jener »Perverse« mit sadistischen Zügen, jener Typ von Vater, den Freud in seiner Verführungstheorie noch als Verursacher kindlicher Neurosen angesehen hat. Daß Freud den Mythos um seine Vorgeschichte »kastriert«, verweist auf seine eigene Vaterbindung: Die Schuld des Vaters ist tabu.

21

In seinem gesamten dramatischen Werk verwendet Racine nur gut viertausend verschiedene Wörter. Shakespeares Wortschatz umfaßt das Fünffache. An der Spitze der am häufigsten verwendeten Wörter steht das Verb *voir*: sehen, wahrnehmen, erkennen.

Unter allen Sinnen wird das Sehen am deutlichsten von Ungeduld beherrscht, sagt Jean Starobinski in DAS LEBEN DER AUGEN. Ein magisches Begehren begleitet jeden unserer Blicke: Ergreifen, verzaubern, gefangennehmen, entkleiden, durchdringen, versteinern.

Das Sehen ist ein gefährlicher Akt. Nicht nur Lots Weib versteinert beim Anblick des brennenden Sodoms. Psyche verliert ihren Geliebten, als sie sich dem schlafenden Amor mit einer Öllampe nähert, Ödipus verliert sein Augenlicht, als er die Wahrheit erkennt, und Narziß sein Leben, als er in sein Spiegelbild blickt.

Das häufigste Wort im Werk Racines ist *sehen*, doch hellsichtig werden seine Helden erst, wenn es schon zu spät ist. Die Klarheit des Erkennens fällt mit der Ohnmacht zusammen, das voreilige, verblendete Wort zu widerrufen.

Der Blick füllt die Leerstelle, wo der bloße Gedanke an eine Verletzung der Gebote bereits die Verletzung selbst ist. Phädras leidenschaftlicher Blick auf ihren Stiefsohn enthält alle Ekstasen eines Liebesakts, das Anblicken ist schon ein In-Besitz-nehmen. Ähnliches gilt für den Blick von Theseus auf seinen Sohn. Doch mischt sich in ihn bereits das verletzende Element des Vaters, dessen Begehren immer auch ein eifersüchtiges, ein zerstörerisches ist.

Die Helden Racines sind schwach, ihre Blicke sind Leidenschaften, nicht Taten, sie vermögen das angeblickte Objekt nicht daran zu hindern, sich dem Blick zu entziehen, es sei denn um den Preis ihrer Vernichtung. Immer erfaßt der Blick nur unvollkommen den anderen, immer versucht der andere, sich der vollkommenen Sichtbarkeit zu verweigern. Täuschung, Schwäche, Verletzlichkeit beherrschen diese Blickwechsel.

Augen suchen Augen, suchen in ihnen geradezu verzweifelt nach der Wahrheit jenseits der heillosen Worte. Doch stets wird den unglücklichen, nach *Erkennen* hungernden Blicken die Erfüllung versagt. Nie sind die Helden so verblendet, daß sie die Wahrheit am Ende nicht erkennen könnten. Aber am Ende wünschten sie sich, blind zu sein und diese ganze schreckliche Wahrheit nicht entdeckt zu haben.

Das ist ihr Unglück: Sie wissen um ihre Schwäche. Sie laufen sehenden Auges in ihr Unglück. Ihr Blick begehrt nichts anderes, als geliebt zu werden. Doch die Entdeckung dieses Blicks durch den Anderen läßt den Schauenden schwach und schuldig erscheinen. Statt ein liebevoller antwortet ein verächtlicher Blick.

22

Schon sehe ich nur mehr durch dichte Schleier den Himmel und den Gatten, die mein Anblick kränkt; der Tod, in dessen Dunkel meine Augen brechen, gibt nun dem Licht, das sie befleckten, seinen Glanz zurück. Das sind Phädras letzte Worte, nachdem sie nicht nur selbst das Unglück ihres Blickes erkannt, sondern auch ihrem Gatten Theseus die Augen geöffnet hat.

Es sind nicht nur Scham und Schuld, die Phädra am Ende vernichten, es ist die Helligkeit, das Tageslicht, das ihr die ganze Wahrheit sichtbar macht. Der absolute, göttliche Blick ist für uns Menschen unerträglich, ja tödlich.

Sie stirbt an diesem Blick.

Dabei war es derselbe Blick, mit dem sie immer geschaut, mit dem sie schon den jungen Helden Theseus betrachtet hat. Der Blick hat sich nicht geändert, während alles andere sich geändert hat: Theseus ist alt, Hippolytos erwachsen geworden. Es ist der jungmädchenhaft verliebte Blick, der das Herz der alternden Frau bricht.

Immer blicken wir aus uns heraus auf die Welt mit einem Gefühl des zeitlosen Selbst. Nur wenn wir in den Spiegel blicken (oder der Blick des anderen uns spiegelt), sehen wir, wie die äußere Erscheinung dieses Selbst sich verändert, wie die Zeit ihre Spuren in unsere Züge, unsere Haltung eingegraben hat.

Doch in unserem Innern, aus dem heraus wir blicken, gibt es die Zeit nicht, ist alles Vergangene gegenwärtig, weil Baustein unseres Selbst. Daher immer wieder das Erschrecken über die Differenz zwischen dem Selbstbild und jenem Bild, das die anderen von uns haben oder sich machen. Wir alle sterben jung.

23

Unsere Todessehnsucht ist immer auch Lebenssehnsucht. Doch im Todeswunsch wird der Blick des anderen auf uns übermächtig. Wir blicken nicht mehr aus uns heraus, wir blicken wie ein anderer, ein Fremder, nur noch uns selber an. Wer jung sterbe, bleibe jung, glauben wir, wer jung sterbe, sei unsterblich! und denken an die jungen Toten, die uns jung in Erinnerung geblieben sind, so jung, wie wir selber uns empfinden.

Vom Beginn der Tragödie an will Phädra sterben nicht nur aus einem Gefühl der Scham heraus, sondern auch aus einem der *Unansehnlichkeit*. Hippolytos blickt sie nicht so an, wie sie ihn anblickt, er schaut sie nicht an, wie sie von ihm angeschaut zu werden wünscht. Daß Mütter ihre Söhne lieben, ist zu keiner Zeit an kaum einem Ort je fragwürdig. In der Regel nehmen es die Söhne gelassen oder mit leichtem Unwillen hin. Wenn es den strengen, eifersüchtigen Blick des Gatten und Vaters nicht gäbe, eifersüchtig auf die Gattin wie auf den Sohn, wie viele Mütter würden das Begehren der Phädra in sich entdecken!

Ohne den Vater gäbe es die Tragödie vermutlich nicht. Ödipus dürfte ungestraft seine Mutter heiraten, und Phädra dürfte ohne Furcht ihren Stiefsohn verführen.

Nur Hippolytos hat den Tod nicht gesucht. Phädra und Theseus legen ihm die aufgerissene blutige Haut an wie ein Hochzeitsgewand. Und das Dunkel, das Phädras Tod ankündigt, ist das Dunkel ihrer Hochzeitsnacht.

Theseus wünscht sich zwar, daß mit beider Tod auch die Erinnerung an dieses Unglück stürbe, die Erinnerung an das eigene Begehren und die eigene Schwäche. Er selber aber darf nicht sterben. Der Tod des Vaters wäre der Tod der Tragödie.

Das Vermögen der Wollust an einer Perversion wird immer unterschätzt. Gesetz, Doxa, Wissenschaft wollen nicht verstehen, daß die Perversion ganz einfach glücklich macht.

Roland Barthes, *Über mich selbst*

Perversion und Glück

1

Während in Hollywood-Filmen noch alle erkennbar schwulen Charaktere ein blutiges Ende finden, sei es durch Mord oder Selbstmord, hat in Frankreich eine merkwürdige Liebesgeschichte Premiere, die in kürzester Zeit zum Kultfilm wird. 1977 zeigt die ehemalige Trapezkünstlerin und Dokumentarfilmerin Coline Serreau in Cannes ihren ersten Spielfilm: *Pourquoi pas*, Warum nicht: In einer heruntergekommenen Vorortvilla leben Fernand und Louis zusammen. Fernand ist arbeitslos, Louis Musiker. Das Glück der beiden Männer dauert, bis Sylvie in ihre Idylle einbricht. Fernand verliebt sich in Sylvie, Louis schaut diesem Abenteuer seines Geliebten mit hilfloser, melancholischer Eifersucht zu. Doch Fernand kann und will seine Liebe zu Louis nicht aufgeben. – Der Film endet mit allen drei Liebenden zusammen in dem großen alten Ehebett der Villa.

2

Die Konstellation erinnert an Goethes Drama *Stella*: Hier sind es zwei Frauen, die denselben Mann lieben und von demselben Mann geliebt werden. In der ersten Fassung läßt Goethe das Drama glücklich in einer Doppelehe mit beiden Frauen enden, was von seinen Zeitgenossen nicht nur mit Wohlwollen aufgenommen wird. Doch fällt die Uraufführung in das Jahr 1776, und Goethe wagt etwas zu denken, was selbst zweihundert Jahre später auf der Bühne oder im Film kaum weniger radikal wäre: das Glück in der »Perversion«.

3

In *Ken Park*, einem Film von Larry Clark aus dem Jahr 2004, bittet Claudes Mutter ihren fünfzehnjährigen Sohn, ihr die Zehennägel zu schneiden. Sein Vater, eifersüchtig auf die intime Beziehung seines Sohnes zu seiner Mutter, haßt Claude. Er beschimpft ihn als Schwuchtel und schlägt sich mit ihm.

In Louis Malles *Le Souffle au Cœur* ist es die junge attraktive Mutter, die ihrem fünfzehnjährigen Sohn Laurent die Fußnägel schneidet. In dieser Szene fragt Laurent seine Mutter fast beiläufig, ob sein Vater auch wirklich der biologische Vater sei, denn er empfinde nichts für ihn, so wenig wie der Vater, so glaubt Laurent, für ihn empfinde. – Diese Szene ist tatsächlich das Vorspiel zu einer Liebesnacht zwischen Mutter und Sohn. Was aber im Hollywoodfilm, wenn es denn überhaupt gezeigt würde, mit dem Tod wenigstens einer der am Inzest beteiligten Protagonisten enden müßte, behält bei Louis Malle den Charakter einer schwierigen, aber nicht unglücklichen Initiation.

4

Louis Malle entstammt einer großbürgerlichen, gleichwohl sittenstrengen Familie. Seine eigenen Ausbruchsversuche spiegeln sich auch in *Le Souffle au Cœur* wieder. Laurent ist der Sohn eines reichen, konservativen Arztes. Er und seine zwei älteren Brüder pendeln zwischen Snobismus und Anarchie, großbürgerlicher Arroganz und linker Attitüde.

Der Film steht ganz in der Tradition kritischer Aufklärung, wie sie auch eine Generation später kaum radikaler ausfällt. Im Gegenteil, fast scheint es, als sei die aufklärerische Intention des Filmschaffens der Sechziger und Siebziger dem Druck der gegenwärtigen, rein gewinnorientierten Filmindustrie zum Opfer gefallen.

Louis Malle hatte relativ früh Erfolg, bereits mit fünfundzwanzig Jahren erhielt er für seinen ersten Spielfilm *L'Ascenseur pour l'échafaud,* Fahrstuhl zum Schafott, den Prix Delluc, und der Skandal um den Film *Les Amants*, Die Liebenden, machte ihn ein Jahr später auch international bekannt. Aber er weigerte sich, das Rezept des Erfolges zu wiederholen, sondern experimentierte in jedem neuen Projekt kühner und provozierender mit den Techniken und Inhalten des Films.

Er dreht Dokumentationen über die Tour de France oder die letzten Tage im Leben eines Alkoholikers ebenso selbstsicher, wie er Richard Strauss' *Rosenkavalier* inszeniert. Mit nur einem Begleiter und einer 16-mm-Kamera verbringt er ein Jahr in Kalkutta und sammelt Material zu einem bewundernswerten Dokumentarfilm über Indien.

5

Mit *Le Souffle au Cœur* wendet sich Louis Malle wieder den eigenen Erfahrungen und Lebensumständen zu. Obwohl es um ein potentiell skandalöses Thema, einer Liebesgeschichte zwischen Mutter und Sohn geht, gestaltet er den Film äußerst intelligent und humorvoll, ohne auch nur andeutungsweise effekthascherisch zu sein. Vor allem läßt er jede kleinbürgerliche Moral aus dem Spiel, sondern setzt die sexuelle Initiation seiner Hauptfigur Laurent zu den großen politischen Ereignissen in Beziehung. Die Geschichte spielt 1954, während Frankreichs Krieg in Indochina.

Damit wendet er den Blick des Zuschauers auf das Mißverhältnis zwischen den angeblichen Verbrechen der Liebe und den großen politischen Verbrechen, die von derselben kleinbürgerlichen Moral, die den Inzest verdammen würde, gutgeheißen werden.

6

Auch dreißig Jahre später hat sich an diesem Mißverhältnis nichts geändert. Bill Clintons angebliche Affäre mit einer erwachsenen Praktikantin hat im puritanischen Amerika mehr Entrüstung hervorgerufen als George Bushs illegaler Angriff auf den Irak. Tatsächlich steht das alte Europa immer noch in der Tradition der Aufklärung, während Amerika als Nation von Immigranten mehr denn je an den Werten seiner männlichen, wehrhaften, intellektuell schlichten und moralisch reinen Helden festhält.

7

So, wie Perversion uns glücklich machen kann, ist auch das Gegenteil vorstellbar. Wie Perversion uns zutiefst unglücklich macht, führt uns der Regisseur David O. Russell in seinem Film *Spanking the Monkey* vor. Wortwörtlich übersetzt bedeutet der Titel: dem

Affen den Hintern versohlen, im amerikanischen Umgangsenglisch meint er aber: sich einen herunterholen. Die Masturbationsversuche des jugendlichen Helden sind denn auch ein durchgehendes Motiv in diesem Film. Sie werden zum handgreiflichen Symbol der Frustration und des Scheiterns des Helden, denn zur Selbst-Befriedigung kommt es nie.

Das Thema ist dasselbe wie in Louis Malles *Le Souffle au Cœur*, eine aktuelle Inszenierung des Phädra-Motivs. Doch alles, was bei Louis Malle unbeschwert und zugleich melancholisch, klug und erotisch ist, kommt uns in Russells dunklen grünblauen Bildern krank, depressiv und häßlich entgegen.

Worin liegt der wesentliche Unterschied dieser beiden Phädra-Interpretationen?

Vielleicht in der Katholizität des Malleschen Filmuniversums und dem rigiden puritanischen Protestantismus bei David O. Russell. Bei Louis Malle genügt es, dem Vater nichts zu sagen, um sich von Schuld und Scham des Inzests zu befreien.

Bei Russell drängt alles zum Geständnis, zur Katastrophe, zur Verfluchung. Dem Vater wird aus Frustration und Rachgier das Geständnis geradezu aufgedrängt.

Ray, der tragikomische Held in Russells schwarzer Masturbationskomödie, ist ein junger College-Student, dessen Zukunftsträume zusammenbrechen, als sein Vater, ein Handlungsreisender in billigen Video-Kassetten, ihn zwingt, sich um die hypochondrische Mutter zu kümmern, anstatt sein Stipendium an einer renommierten Universität anzunehmen.

Der abwesende und dennoch allzeit gegenwärtige Vater entspricht auch der Grunderfahrung des Regisseurs: Es war bei uns zu Hause und bei meinen Freunden üblich, keine Väter anzutreffen, schreibt Russell zu seinem Film. Und selbst wenn sie da waren, waren sie nicht wirklich anwesend. Nicht, weil sie vollkommen von ihrer Arbeit vereinnahmt waren, sondern weil sie wie Fremde in ihren eigenen Familien schienen. Es gab eine Menge einsamer Mütter, die Nähe und Trost vor allem bei ihren Söhnen suchten. Das war unser Alltag, aber niemand sprach darüber.

Ray versucht alles mögliche, dem Auftrag des Vaters zu entkommen. Doch seine Mutter ist alles andere als unzufrieden mit diesem Ehemannersatz. Geschickt nutzt sie ihre Depression und ihr gebrochenes Bein, alle Fluchtversuche des Sohnes zu sabotieren.

Der Vater wollte nie ein Kind. Das Verhältnis zu seinem Sohn ist vollkommen oberflächlich und gefühlskalt. Um so mehr versucht er, selbst aus der Distanz seiner Vertreterreisen, das Familienleben zu kontrollieren, vielleicht aus Furcht, die daheimgebliebenen Familienmitglieder könnten sich dieselben (sexuellen) Freiheiten nehmen, die er sich mit Prostituierten in billigen Motels erlaubt.

Die Regeln und Aufträge, die zu befolgen er von seinem Sohn fordert, scheinen banal: den Rasen mähen, den Hund ausführen, sich um die bettlägerige Mutter kümmern. Doch sie genügen, die Familienmitglieder in einem Netz von Verantwortungen und Schuldgefühlen gefangen zu halten.

8

Perversion ist inszenierte Phantasie. Unglück ist ein Mangel an Phantasie.

Die Inzestszene zwischen Ray und seiner Mutter ist kurz und freudlos. Obwohl die Mutter von Anfang an mit Verführungsgesten spielt, kommt es zur intimen Begegnung mit ihrem Sohn erst, nachdem beide einige Wodka Tonics zuviel getrunken haben. Dementsprechend verkatert ist das Erwachen nach diesem unglücklichen, fast bewußtlosen Akt. Die Verletzung des Tabus stärkt es unter diesen Umständen mehr, als jedes auch noch so starke Verbot es vermocht hätte. Um »gesund« im Sinne des Durchschnitts zu sein, muß die Kraft der eigenen Phantasie suspendiert werden. Eine Moral aus Pflichten und Strafen hält den Konformismus aufrecht, gerade weil sie den periodischen Ausbruch des perversen Verlangens als psychotischen Gewaltakt nicht kontrollieren kann und unter Umständen auch gar nicht kontrollieren will.

9

Die »Katholizität« Roland Barthes' und Louis Malles besteht darin, daß man mit diesem Vater (-Gott) trotz seiner Allmacht und Allwissenheit verhandeln, ja ihn übers Ohr hauen kann. Seine Autorität ist zugleich seine Schwäche, sein blinder Fleck. Es gibt Auflehnungen, »Perversionen«, die gerade für IHn undenkbar sind.

Der protestantische Vater (-Gott) Russells ist der Gott menschlichen Maßes, der Handlungsreisende mit großer Distanz, der sich selber alle Freiheiten nimmt, aber die Seinen mit konkreten, wenngleich lächerlichen Geboten beauftragt und die Einhaltung ihrer ständigen Selbstbeobachtung und -kontrolle überläßt. Man kann ihn zwar anrufen, aber diese Kontaktaufnahmen werden als Belästigung empfunden. Er erwartet, daß trotz seiner Abwesenheit der Alltag der Seinen verläuft, als sei er anwesend. Er hat sich ja klar und deutlich ausgedrückt. Da gibt es nichts zu verhandeln und nichts zu deuten. Sein klares Wort gilt.

10

In den 40er und 50er Jahren traf der Bannstrahl der amerikanischen Zensur nicht nur Perversionen im eigentlichen, das heißt psychoanalytischen Sinne, sondern jede Form von Sex. Wollten amerikanische Cinephile Erotik sehen, blieb ihnen nur der Besuch der wenigen Cinematheken, in denen europäische Filme aufgeführt wurden, denn französische und italienische Produktionen zeigten, was im amerikanischen Film nicht dargestellt werden durfte. In der Ära der Eisenhower-Bigotterie heizten amerikanische Filmproduzenten ihr nach wie vor ja noch überwiegend männliches Publikum mit der Unnahbarkeit vestalischer Jungfrauen auf, Audrey Hepburn, Grace Kelly, Deborah Kerr, die in ihren Priesterinnengewändern geboren und mit ihnen verschmolzen schienen. Geschlechtsverkehr erreichte seinen libidinösen Höhepunkt im trockenen Kuß geschürzter Lippen in der Schlußblende. Das soll, wenn schon nicht Sex, so wenigstens die Simulation von Leidenschaft gewesen sein?

11

In einer Nation der Immigranten, der Pioniere und Cowboys stellt vor allem Homosexualität eine Bedrohung da, denn wenn es über Jahrhunderte im Wilden Westen an irgend etwas mangelte, dann waren es Frauen. Sowohl dieser Mangel als auch die Eindämmung der damit einhergehenden perversen Phantasien und möglicherweise auch Lebensweisen spiegeln sich von Anfang an im amerikanischen Mainstream-Film wider, männliche Helden, Männerfreundschaften, und Frauen, die auf der Schwelle des Heims zurückgelassen werden.

Diese im Grunde reine Männerwelt so offen zu zeigen war nur möglich unter Einhaltung striktester Selbstzensur. Und sollte dieser strikte Kodex doch einmal brüchig werden, so zog er sogleich Mord oder Selbstmord nach sich, wie sie James Dean und Sal Mineo in *Rebel without a Cause* oder Paul Newman in *Cat on a Hot Tin Roof* zum Opfer fallen.

Aber in dem Maße, in dem die Selbstzensur strenger wurde und jede explizite Darstellung von Homosexualität zum Beispiel verbot, um so mehr brachen sich, ganz im Sinne Freuds, Ausweichsymptome Bahn, die nicht nur für Psychoanalytiker, sondern für jeden sensiblen Zuschauer dechiffrierbar waren. Eine der Lieblingsmetaphern Hollywoods für den implizit Homosexuellen wurde der Überintellektuelle, in dem sich Homophobie und Antiintellektualismus gleichermaßen vortrefflich personifizieren ließen.

Roland Barthes hätte an dieser Ausweichstrategie seine helle Freude gehabt, denn für ihn bedeutet »Perversion« ja zuallererst eine intellektuelle Fähigkeit, das Andere, Undenkbare zu denken. Und müßte ich den modernen Intellektuellen im Unterschied zum Gebildeten oder nur Intelligenten definieren, dann genau so: als jemanden, der sich erlaubt, das Selbstverständliche, also das internalisierte Vater-Wort radikal zu hinterfragen und sich jeder Selbstzensur, zumindest im Denken, zu verweigern, oder, positiv formuliert: Er darf nicht nur über die Lust nachdenken, er muß das Denken selbst mit Lust besetzen.

12

Von einigen tragikomischen Ausnahmen wie *Spanking the Monkey* abgesehen, bleibt das Phädra-Motiv vor allem im europäischen Kino präsent, so zum Beispiel in Alexander Sokurovs Film *Mutter und Sohn* oder in Bernardo Bertoluccis *La Luna*.

Nach dem Unfalltod ihres Ehemannes reist die Opernsängerin Catarina mit ihrem fünfzehnjährigen Sohn Joe nach Rom, um dort in einer Verdi-Inszenierung zu singen. In den Zeiten ihrer Probenarbeit stürzt Joe sich sowohl in erste gleichgeschlechtliche Begegnungen, als auch in leichtsinnige Drogenabenteuer, die zu einer Heroinabhängigkeit führen. Als Catarina die Drogenabhängigkeit ihres Sohnes entdeckt, versucht sie, ihn mit mütterlicher Liebe, die auch intime Zärtlichkeiten nicht ausschließt, von seiner Sucht zu befreien.

Liebe ist unser Abwehrzauber gegen die Fatalität unserer Existenz. Wird das innere oder uns umgebende Chaos so gewaltig, daß es uns zu verschlingen droht, schreiben wir vor allem ihr die Macht zur Heilung zu.

Ein Regisseur muß diesen Zauber auf die Leinwand bringen, er muß ihn aber nicht unbedingt verstehen. Ihm und dem Zuschauer genügt es, daß die schillernde Oberfläche Tiefe suggeriert.

Wie in nahezu allen Phädra-Versionen fällt auch in Bertoluccis Bearbeitung des Mythos auf, daß zwischen dem Mutter-Sohn-Inzest und einer mutmaßlichen Homosexualität der Hippolytos-Figur ein Zusammenhang konstruiert wird, als brauche das Begehren über die Attraktivität der Beteiligten hinaus eine psychopathologische Begründung. Genügt nicht einfach die jugendliche Schönheit des Sohnes und die reife Schönheit der Mutter, einander begehrenswert zu finden?

Der Italiener Bertolucci erzählt die mehrfachen Grenzverletzungen, Sexualität und Drogen, die auch Roland Barthes in seiner Maxime zusammendenkt, als großes Melodram, das nicht zufällig in der opulent-pathetischen Opernwelt Verdis gespiegelt wird. Trotz allem Pathos aber, und hier ist Bertolucci ganz Europäer, entläßt er seine verführerischen Protagonisten in ein offenes, hoffnungsvolles Ende.

13

Ganz anders stellt sich die Atmosphäre im ersten Teil von Alexander Sokurovs Familientrilogie, *Mutter und Sohn*, aus dem Jahr 1997 dar: In einer klaustrophoben

Stimmung aus Grün- und Grautönen wacht der Sohn am Sterbebett der Mutter. Doch nicht die vertraute, ja liebevolle Beziehung zwischen Mutter und Sohn ist das Bedrückende in diesem Film, sondern die Erzählsituation, der absehbare Verlust der Mutter.

Die Fürsorge des Sohnes geht weit über das Maß der Krankenpflege und Sterbebegleitung hinaus. Die Berührungen und Zärtlichkeiten zwischen der alten Frau und dem jungen Mann tragen alle Züge einer inzestuösen Beziehung, aber nicht von der Mutter aufgedrängt, wie in *Spanking the Monkey*, sondern vom Sohn ersehnt. Als der Sohn seine Mutter anfleht, sie möge ihn nicht verlassen und weiterleben, fragt sie: »Wofür?«

»Ich weiß nicht«, antwortet der Sohn. »Die meisten Menschen leben einfach, ohne einen besonderen Grund.«

Wir Zuschauer aber hören das Echo der wahren, nicht ausgesprochenen Antwort:»Für mich, Mutter, für mich sollst du weiterleben.«

14

Im zweiten Teil, *Vater und Sohn*, aus dem Jahr 2003 geht Sokurov einen radikalen, aber durchaus konsequenten Schritt weiter. Die ersten Bilder des Films feiern eine ganz und gar homoerotische Intimität:

Muskulöse Männerarme umschlingen einen jungen Männerkörper, aus der dämmrigen Unschärfe lösen sich Münder, Hände, Gesichter. Erst nach den ersten Worten erfahren wir, daß es sich bei diesem zärtlichen Männerpaar um Vater und Sohn handelt. Das alles leuchtet der düsteren postsozialistischen Tristesse in Rußland zum Trotz in warmem Gelbrot und Gold der Spätsommersonne.

Seit dem Tod der Mutter leben der Vater und sein Sohn Alexej alleine zusammen. Alexej geht auf eine Militärschule, der immer noch sehr junge und durchtrainierte Vater ist Veteran eines vorangegangenen Krieges. Er kocht für Alexej und beobachtet ihn beim Kampfsport wie Phädra den jungen Hippolytos bei seinen athletischen Übungen.

Dann taucht ein geheimnisvoller Besucher auf, ein junger Mann, der seinen verschollenen Vater sucht, einen Kriegskameraden von Alexejs Vater. Ist das nicht der andere Hippolytos, der sich auf die Suche nach seinem verschollenen Vater Theseus machen will? In diesem Film erleben wir beide Imagos der väterlichen Instanz, den liebenden und den abwesenden Vater, und zwei Verkörperungen der Sohnesrolle, der Sohn, der den Vater sucht, und der Sohn, Alexej, der den Vater am Ende des Films verläßt.

Zwischendurch aber turnen die beiden Söhne, auch sie in durchaus zärtlicher Weise miteinander verbunden, über die Dächer einer fiktiven russischen Hafenstadt, in der Sokurov seinen nahezu mythischen Film spielen läßt.

Von Eisensteins *Die Beshin-Wiese* bis zu Swjaginzews *Die Rückkehr* fand sich im russischen Film vor allem das Abraham-und-Isaak-Motiv, das Sohnesopfer als religiöse Metapher für das Vater-Sohn-Verhältnis. Sokurovs Film stellt einen klaren (Tabu-) Bruch mit dieser Tradition dar, indem er, in der Ikonographie einer »perversen« Pieta von Vater und Sohn, mit der er den Film beginnen läßt, die Sohnesliebe in den Mittelpunkt stellt.

Die Dachwohnung der beiden hält Abstand zur Misere des russischen Alltags. Vater und Sohn finden Trost, Hoffnung und Zärtlichkeit in ihrer symbiotischen Abgeschiedenheit, die zwar mit der Ablösung des Sohnes, aber ganz ohne Tragödie und Tod endet. Das ist womöglich der radikalste Zug des Films, die Eröffnung einer Utopie des Glücks nicht trotz, sondern durch und in der »Perversion«, das heißt in der Selbstermächtigung, das Andere, das zugleich das Authentische ist, zu denken, zu inszenieren und zu leben.

15

Wir sollten keine Angst vor schwierigen Filmen haben, sagt Alexander Sokurov in einem Interview, wir sollten keine Angst haben, das Publikum *nicht* zu unterhalten. Ein Zuschauer bezahlt einen hohen Preis für einen Film, er bezahlt mit Lebenszeit. Ein schlechter Film raubt der Menschheit Jahrhunderte an Lebenszeit.

Brüderlichkeit statt der traditionell hierarchischen Vater-Sohn-Beziehung, wie sie nahezu alle gesellschaftlichen Institutionen, vom Lehrer-Schüler-Verhältnis bis zum Militär, widerspiegeln, scheint die tiefere Idee dieses Films zu sein. Aber damit diese Brüderlichkeit kein abstraktes politisches Postulat bleibt, ist sie körperlich aufgeladen, ein Liebes- statt ein Machtverhältnis zwischen im wesentlichen Ungleichen.

Sokurov zeigt uns eine Utopie, in der ein Vater seinen Sohn lieben kann, ohne seine Vaterschaft zu annullieren oder den Sohn zu opfern. Und diese Utopie zu leben ist möglich durch ein scheinbares Paradox, nämlich durch das Gegenteil dessen, was uns utopisch erscheint: durch Authentizität. Woran Abraham, Laios oder Theseus scheitern, ist die Allmacht der Erwartung an ihre Vater- und Heldenrolle und die tatsächliche Ohnmacht oder Feigheit, diese Erwartung mit dem eigenen authentischen Gefühl in Einklang zu bringen.

Sokurov selbst bezeichnet seine Geschichten einer idealen Liebe zu Recht als neue, als Gegen-Mythen.

16

Angesprochen auf den ödipalen Subtext in seinen Filmen antwortet Sokurov: In der künstlerischen Tradition Rußlands gibt es das Motiv des Inzests nicht. Dieses Thema hat in der russischen Kunst und Kultur kein Fundament. Im europäischen Bewußtsein vielleicht, im Russischen aber keinesfalls. Ausgeschlossen! Die russische Kultur steht absolut allein für sich. Es gibt natürlich Berührungspunkte zum katholischen und protestantischen Europa. Aber im Moralkodex ist sie dem orthodoxen Christentum um vieles näher als dem Westeuropas.

Ich weiß zu wenig von russischer Orthodoxie und ihrem Einfluß auf das russische Seelenleben. Aber jede Leugnung einer Universalität des Ödipus-Komplexes mit seinen Implikationen von Schuld und Strafe hat meine ausgesprochene Sympathie. Womöglich liegt darin sogar die radikalere Subversion: Das Tabu wird nicht einfach verletzt, sondern es wird für nicht existent erklärt.

Der Film erlaubt es, uns das Undenkbare zu zeigen, ohne es zu benennen. Entziehen wir ihm das bezeichnende Wort, entziehen wir es der Verurteilung. Aber anders als in einer reinen Schriftkultur mit einem strengen Bilderverbot bleibt es existent.

17

Wenn wir Perversion im Sinne Roland Barthes' als revolutionären Akt begreifen, gilt Che Guevaras Wort: Auf die Gefahr hin, mich lächerlich zu machen, möchte ich sagen, daß der wahre Revolutionär von starken Gefühlen der Liebe geleitet wird.

Glück ist kein neutraler Zustand von Harmonie und Balance, Glück ist eine gewaltsame Geste, die dieses Gleichgewicht stört, ein Ausnahmezustand: Es kann sein, daß ihr hart sein müßt, aber verliert nicht eure Zärtlichkeit. Es kann sein, daß ihr die Blumen brechen müßt, aber dies wird den Frühling nicht aufhalten.

Das erinnert kaum zufällig an Paulus' Brief an die Korinther: Und wenn ich all meine Habe austeile und wenn ich mich verbrennen lasse, doch die Liebe nicht habe, nützt es mir nichts. – Ansonsten müssen wir Paulus ja eher zur wortgewaltigen Liga der homophoben Religionsstifter zählen, die im Zwiespalt zwischen Liebes- und Gehorsamsgebot gefangen bleiben und diesen schizoide Double-bind durchaus erfolgreich auf ihre Jünger- und Anhängerschaft zu übertragen verstehen. Nichts bindet stärker als diese unauflösliche Ambivalenz.

Die Perversion Roland Barthes' wie die revolutionäre Liebe Che Guevaras hingegen richten sich vor allem gegen eines: die allumfassende »Liebe« des internalisierten Vaters, die es so blendend versteht, uns in diesem Netz aus Fürsorge, Entmündigung und Schuldgefühlen verstrickt zu halten.

18

Wenn du jemanden fragst: Gibst du mir Geld für einen Film über einen schwulen pakistanischen Waschsalonbesitzer, erzählt Stephen Frears, wirst du angeschaut, als seiest du ein Idiot. Ich fühle mich nicht als Missionar oder Revolutionär, fährt er fort, aber ich hatte einfach das Gefühl, daß es so stimmt.

Mein wunderbarer Waschsalon von Stephen Frears erzählt die Geschichte von Johnny, einem arbeitslosen blonden Punker mit Neonazivergangenheit, und Omar, dem Sohn eines mittellosen pakistanischen Schriftstellers, die sich schlicht und einfach ineinander verlieben. Das Drehbuch stammt von dem anglo-pakistanischen Autor Hanif Kureishi. In einem Interview in *Film Comment* erläutert er die Hintergründe seiner Geschichte: Als ich begann, an *My Beautiful Laundrette* zu arbeiten, waren Omar und Johnny noch nicht schwul. Aber als ich alle meine Charaktere zusammen hatte und darüber nachdachte, wer diese Geschichte tragen und vorantreiben sollte, waren es diese extrem unterschiedlichen jungen Männer. Normalerweise ist es die Liebe, die Dinge in Bewegung bringt, zumal in einem Roman oder Film. In diesem Szenario gab es noch keine Liebesgeschichte. Ich hätte das Script zu einem Kumpelfilm à la *Butch Cassidy* umschreiben können. Und ich bin sicher, selbst darin haben Paul Newman und Robert Redford sich nichts sehnlicher gewünscht, als sich zu küssen. Nun, in gewissem Sinne ist *My Beautiful Laundrette* wie *Butch Cassidy*, nur mit den ersehnten Küssen.

In diesem revolutionären britischen Film ist es exakt die Perversion, das heißt die unmögliche oder subversive Liebe, die eine menschliche, politische und kulturelle Brücke über den tiefen Graben von Rassismus und Homophobie hinweg ermöglicht. Das Glück, das die beiden äußerst entgegengesetzten Charaktere sich erlauben, ist mehr als eine Privatsache, es ist in der Tat ein revolutionärer Akt, weil erst das Unterlaufen oder Außerkraftsetzen der politischen und gesellschaftlichen Tabus ein authentisches und liebevolles Verhältnis erlaubt.

19

Die Pönalisierung jeder Form der Perversion vor allem im amerikanischen Film hat nicht nur eine strikte Selbstzensur Hollywoods zur Folge. In Ausnahmefällen führt diese Zensur auch zu einer zutiefst subversiven Kunst der Verstellung. Die Perversion versteckt sich hinter der Maske der Travestie, und während der konformistische Zuschauer einfach nur lacht, denn die Perversion im Film ist nicht immer und ausschließlich nur verabscheuungswürdig, sie ist immer auch komisch, wenn nicht gar lächerlich, so entdeckt der analytische Zuschauer in und hinter der scheinbaren Groteske das wirkliche Glück.

Meisterwerke dieser Travestie sind die Filme von Laurel und Hardy, deren derb-zärtliches Verhältnis immer auch Züge einer wahren Liebesbeziehung trägt. Nicht selten sehen wir die beiden zusammen im Bett. Mit größter Selbstverständlichkeit scheinen sie die Nächte zusammen zu verbringen, während ihre Ehefrauen eher als Bürde für ihre Freundschaft portraitiert werden.

Ein wunderbares Beispiel ihrer anarchistischen Beziehung geben Laurel und Hardy in dem Film *Their First Mistake* von 1932, wo wir die beiden Männer als verheiratetes Paar mit einem Baby erleben können, fünfundvierzig Jahre vor *Pourquoi pas* und fünfundsiebzig Jahre vor der ersten gleichgeschlechtlichen Ehe in Deutschland.

Ollies Ehefrau beklagt sich, daß ihr Gatte mehr mit seinem Freund Stan als mit ihr zusammen sei. Stan und Ollie diskutieren die schwierige Lage.

Stan: Nun, worüber beschwert sie sich eigentlich genau?

Ollie: Oh, ich weiß nicht. Sie sagt, ich denke mehr an dich als an sie.

Stan: Aber das tust du doch auch, oder nicht?

Ollie: Nun, wir sollten das nicht vertiefen.

Stan: Weißt du, was der Grund für diesen ganzen Ärger ist?

Ollie: Was?

Stan: Ihr braucht ein Baby!

Ollie: Was hat das mit uns zu tun?

Stan: Nun, wenn ihr ein Baby habt, wird deine Frau beschäftigt sein, und du kannst weiter die Nächte mit mir verbringen.

Gesagt, getan, die beiden adoptieren ein Baby. Doch als sie mit dem Neugeborenen nach Hause kommen, wirft Ollies Ehefrau ihrem Gatten vor, er habe sie mit Stan betrogen, das Baby sei nicht von ihr, sondern von dieser »anderen Frau«, nämlich Stan.

Nachdem sie sich von Ollie wegen seines Ehebruchs mit Stan hat scheiden lassen, zeigt die zweite Hälfte dieses Spielfilms anrührende Szenen neuen Familienglücks, zum Beispiel jene Episode, in der Stan und Ollie im großen Ehebett liegen, ihr gemeinsames Baby zwischen ihnen. Stan öffnet seine Pyjamajacke, als wolle er das Baby stillen, und zieht ein Milchfläschchen hervor, das er an seiner Brust warm gehalten hat.

20

Roland Barthes' kurze Reflexion über Glück und Perversion endet: »Oder, um es genauer zu sagen, die Perversion erzeugt ein *Mehr*: ich bin empfindsamer, habe mehr Wahrnehmungen, bin gesprächiger, habe bessere Zerstreuungen und so weiter. – In diesem Mehr stellt sich der Unterschied ein (und damit der Text des Lebens, das Leben als Text). Von jetzt an ist es eine Göttin, eine anrufbare Figur, ein Weg der Fürbitte.«

Dieses Mehr, diese Göttin gilt es zu verteidigen gegen den patriarchalisch-puritanischen Vater-Gott, den Gott des Dogmas, der Kastration, des Anti-Intellektualismus, der Blendung. Das erste Gebot war bekanntlich, die Finger vom Baum der Erkenntnis zu lassen. Doch der vermeintliche Garten der Unschuld, in dem der Gehorsame verharrt, stellt sich sehr schnell als ein Irrgarten, ein Kasernenhof, eine trostlose Steppe bibelfester Paranoiker oder megalomaner Cowboys heraus.

Der alttestamentarische Gott der Juden, Christen und Muslime hat sicher nicht unser Glück im Sinn, wenn er von uns absolute Unterwerfung unter sein Gesetz fordert. Für ihn gilt das Gleiche wie für Freuds »Natur«: Daß der Mensch glücklich werde, sei im Plan der Natur nicht vorgesehen, lautet Freuds pessimistische Diagnose.

Als Laurent und seine Mutter in *Le Souffle du cœur* sich ihrer Tat bewußt werden, bereuen sie nichts: Laß uns nicht mit Scham an diese Nacht denken, Laurent, laß sie uns in Erinnerung behalten als das, was sie war, als einen Augenblick größter Zärtlichkeit und tiefsten Glücks.

Man muß von der Poesie lernen, mit wenigen Mitteln und wenigen Worten eine große Fülle von emotionalen Informationen zu vermitteln. Im Film muß man nicht erklären, sondern direkt auf die Gefühle des Zuschauers einwirken. Die erwachten Emotionen setzten dann die Gedanken in Bewegung.

Andrej Tarkowskj

Poesie und Film

1

Dem genialen Konstrukteur Trurl aus Stanislaw Lems ROBOTERMÄRCHEN widerfuhr einmal das Mißgeschick, eine riesige Rechenmaschine zu bauen, die nur zu einer einzigen Operation fähig war, nämlich zwei und zwei zu addieren, und selbst das machte sie falsch. Um den höhnischen Sticheleien seines Freundes Klapauzius ein Ende zu machen, setzt Trurl sich in den Kopf, eine Maschine zu konstruieren, die makellose Poesie verfaßt.

Doch was ist Poesie? Trurl füttert seinen Computer mit der gesamten Entwicklungsgeschichte des Universums und der menschlichen Zivilisation, dann gibt er seinem Elektropoeten alle notwendigen dichterischen Mittel ein und setzt die Maschine in Gang. Sie hält ihm auf der Stelle eine Vorlesung über das Schleifen kristallographischer Oberflächen.

Trurl klemmt die Hälfte der logischen Schaltungen ab und verstärkt die emotionalen. Die Maschine bekommt zunächst einen Schluckauf, dann einen Weinkrampf und stammelt, das Leben auf dieser Welt sei furchtbar traurig.

Trurl ersetzt einige Schaltungen durch sich selbstregulierende Egozentrisatoren mit narzißtischer Rückkoppelung, der Computer erbebt und steht sogleich unter lyrischem Volldampf. Er rezitiert mit heiserer, doch suggestiver Stimme: KNISTERGEIGENSAITE STREPTOKOKKENKATERMANN ZAUBERSYMPHOPHON.

Ist das alles? fragt Klapauzius nach längerem Schweigen in ungewöhnlich höflichem Ton.

2

Poesie und Film – ich gestehe, es geht mir wie Trurl, die Begriffe sind zu komplex und zu diffus, um sie mit wenigen Gesten zu umreißen und zusammenzuschalten. Ich will versuchen, mich von der etymologischen Wurzel des Poesie-Begriffs meinem Thema zu nähern: *Poiesis*, der Ursprung unseres modernen Begriffs Poesie, geht zurück auf das griechische Wort *poiein*, machen.

Das Poetische ist demnach das Geschaffene, Geformte, bewußt Hergestellte, also nicht das alltägliche, selbstverständliche Sich-Äußern, sondern das Uneigentliche, Nicht-Selbstverständliche, das meinen Ausdruckswillen ergänzt oder formt. Das Poetische ist die Stimme, die Sprache des Anderen in meinem Sprechen.

Schon für die Griechen geht das Verb *poiein* weit über das Handwerkliche hinaus, es enthält vielmehr einen Schöpfungsakt, in dem Gedanken sich in der Welt manifestieren.

In Platons *Gastmahl* belehrt Diotima Sokrates: Du weißt doch, daß Poiesis im Grunde *alles* Schaffen bezeichnet, so daß wir eigentlich auch die Werke sämtlicher Künste *Dichtungen* und ihre Schöpfer *Dichter* nennen müßten.

Aber damals gab es den Film noch nicht. Hätte Diotima auch die flüchtigen Bilder auf dem Celluloid zu den Kunstwerken gezählt?

3

Das Poetische im Gedicht ist die Vermählung ungleicher, einander eigentlich fremder Dinge, im Sinne Roland Barthes' also eine Art »perverser« Verbindung.

Über W.H. Auden erzählt man, daß die Zeile eines seiner Gedichte ursprünglich lautete:

The poets know the names of the seas

(*Die Dichter kennen die Namen der Meere*)

Vom Setzer kamen die Druckfahnen mit den Worten zurück:

The ports know the names of the seas
(*Die Häfen kennen die Namen der Meere*)

und sofort war Auden klar, daß dieser Satzfehler wesentlich poetischer klang als seine ursprüngliche, eher sentimentale Version. Also behielt er sie bei.

4

Nicht erst Roland Barthes, sondern bereits Platon konstruiert einen Zusammenhang zwischen Eros und Denken, Wollust und Werk. Wir zeugen nicht nur mit unseren Körpern, behauptet sein imaginäres Alter Ego Diotima, sondern wir zeugen auch in Gedanken.

Dann überrascht sie Sokrates mit der Feststellung, Eros sei nicht unbedingt eine Schönheit. Da aber Götter notwendig schön seien, müsse man Eros eher einen Daimon nennen, einen Daimon des Dazwischen, einen Vermittler zwischen den Herzen, Hirnen und Welten.

Für Diotima ist Eros nicht einmal ein Kind der Götter, sondern ein Geschöpf der Armut. Aus dem Mangel aber entspringt das Begehren.

Poiesis und Eros sind Geschwister. Nicht Schönheit ist das entscheidende Kriterium des Poetischen, sondern seine Schöpfung aus dem Noch-nicht, seine Überbrückung eines Zwischenraums, ohne die Kluft zuzuschütten. Ginge die Getrenntheit, die Differenz verloren, wäre auch die erotische Spannung dahin.

5

Für die Literatur, die Malerei, die Musik, selbst für den Tanz ist uns ziemlich klar, was neben der handwerklichen Meisterschaft an Anderssinnigem und Fremdartigem dazukommen muß, um ein poetisches Werk zu sein.

Beim Film, vor allem beim Film jenseits der Video-Kunst oder des Poetry-Films ist die Definition ungleich schwieriger, weil das Medium und seine Stellung zwischen Industrie und Kunstbetrieb weitaus widersprüchlicher und vieldeutiger ist.

Im Film mischen sich wesentlich mehr Sprachen und Interessen als in den »reinen« Künsten. Film hat Teil an Literatur, an Bildender und Darstellender Kunst, an Musik, an Bewegung und Tanz, und bildet zugleich etwas eigenständig Neues.

Auch in der Herstellung ist Film normalerweise komplexer (und teurer), er ist im Grunde nur machbar durch die Bündelung verschiedener Kompetenzen, also die Zusammenarbeit vieler Künstler, Techniker und Handwerker.

Wie kann das Poetische im Sinne des Anderen in ein Werk gerettet werden, an dem in der Regel viele andere mit ihrem ureigenen Handwerkszeug und Ausdruckswillen beteiligt sind?

6

Das geschriebene Wort hat alle Künste zum Text werden lassen, auch den Körper, auch das Gesicht eines Menschen, das nunmehr gelesen werden will.

Doch vor den nur von einer geringen Schar Auserwählter zu lesenden Büchern war das Bild, die Höhlenmalerei, das strahlende Glasfenster der Kathedralen.

Ist der Film nur ein neues Bilderbuch, ein Comic mit den alten anschaulichen Illustrationen, die nicht aus einer Symbolsprache ins Sinnliche zurückübersetzt werden müssen, um verstanden werden zu können?

Natürlich behauptet die Filmkunst genau das Gegenteil: Das geschaute Bild sei nicht das Eigentliche, Wahre, sondern nur ein komplexer Text, der unsere Lesefähigkeit voraussetze, um verstanden zu werden.

Das ist richtig und falsch zugleich. Denn das Bild kann so unmittelbar Einsichten visualisieren, daß Übersetzungen dafür gar nicht nötig sind, ja es kann Botschaften verkörpern, für die es gar keinen anderen Ausdruck als die unmittelbare Gebärde gibt.

7

Das verdunkelte Theater, die Bereitschaft, sich dem zweidimensionalen Bild, den plötzlichen Szenen- und Ausschnittswechseln fast trancehaft hinzugeben und selbst Schwarzweißprojektionen, zumindest in der Zeitspanne der Vorführung, als eigene oder gar eigentliche Realität zu akzeptieren, legt natürlich einen Vergleich mit Platons Höhlengleichnis nahe, in dem wir Menschen zunächst die auf die Höhlenwand projizierten Schatten der Dinge für die Wirklichkeit an sich halten, bis wir uns auf den mühsamen Weg aus der Höhle heraus ans Licht machen.

Ähnlich wie Platons Höhle aber verführt uns die gebärmuttergleiche Schwärze und Geborgenheit des Kinosaals, lieber in dieser Welt der Illusionen auszuharren, als uns dem grellen Licht der Wirklichkeit zu stellen. Nicht zufällig sprechen wir davon, von einem Film gefesselt zu sein. Auch Platons Höhlenbewohner finden sich zunächst gefesselt vor.

Das Kinobild ist mächtig, und es hält uns in traumhafter Gedankenlosigkeit gefangen, wenn es uns nicht auf immer neue Weise verstört.

8

Am Anfang der Filmgeschichte, als eine eigene Filmsprache noch erfunden werden mußte, schien es einfacher, poetisch zu sein, weil alles neu, fremd und überwältigend war.

Als Lumiere 1895 seinen unsterblichen Zug in den Bahnhof einfahren und direkt auf die Kamera zurasen läßt, als Buñuel den Augapfel einer Frau mit einem Rasiermesser aufschneidet, als Clouzot die Toten in die Welt der Lebenden zurückholt, als bei Hitchcock ein Mädchen plötzlich unter der Dusche ermordet wird oder Franju vor den Augen der Zuschauer Tiere schlachtet, schreit das Publikum noch entsetzt auf. Bei der Vorführung einer Operation oder einer Geburt fallen Zuschauer noch in Ohnmacht, bei den ersten Propagandafilmen springen sie von den Klappsitzen auf, und schluchzend brechen sie zusammen, wenn die tapfere Heldin am Ende des Films ihrer Leukämie erliegt.

In den Anfängen des Kinos fürchtet sich das Publikum noch, von der Cholera auf der Leinwand angesteckt zu werden.

Heute muß ein Film uns radikal verführen oder verletzen, um gegen die Filmgeschichte, die fast alles schon produziert und gezeigt hat, etwas wirklich Neues, Niegesehenes und Unerhörtes zu behaupten.

Und dieser verführende oder verletzende Film wird natürlich auf Widerstand stoßen, der so weit gehen kann, daß er erst gar nicht hergestellt wird.

Wir befinden uns, was den Film angeht, in einer Zeit des Patch-Works und des Remakes.

Mit der Jugend des Films ist womöglich auch die Liebe zum Kino dahin. Der Film ist die jüngste, aber auch die am schnellsten alternde Kunstgattung.

9

Schon durch das Aufkommen des Tonfilms verlieren die Filmbilder einen großen Teil ihrer Poesie. Musik und Dialog übernehmen nun die Aufgabe, jenes Sentiment zu produzieren, das am Anfang allein in den Bildern liegt, in der Mimik, der Bewegung, den Gesten der Protagonisten, im oftmals von Bildenden Künstlern entworfenen oder von ihnen inspirierten Set-Design, in Stoffen, die dem Anspruch großer Dramen oder Romane nicht nachstanden.

10

Zweifellos schafft Film Bedeutungen in einer ihm eigenen Sprache. Aber ist der Film deshalb schon ein poetischer Text?

Unsere Kultur und Gesellschaft ist bereits vollgesogen von bestehenden Bedeutungen. Wir Lesenden sind von ihnen und für sie erzogen.

Doch im Moment des Lesens sind wir Leser allein die Sinngeber, auch wenn wir uns dieses Prozesses nicht immer bewußt sind. Das Zeichen selbst ist tautologisch.

Der Vorgang des Lesens ist ein Prozeß wachsender Bewußtheit. Dabei ist der Leser sein eigenes Werkzeug. Jeder gesunde Mensch kann ein Bild wahrnehmen. Aber jedes Bild erfährt je nach Individuum oder Kultur seine ganz eigene Lesart.

Bilder werden nicht einfach wahrgenommen, wie die Kamera einen Ausschnitt der Wirklichkeit abfotografiert. Unsere Wahrnehmung ist bereits ein Akt der *Poiesis*: eine neuronale Erschaffung von Wirklichkeit.

Die Hirnforschung der letzten Jahre hat durch Anwendung sogenannter bildgebender Verfahren mehr und mehr Abschied vom Modell unseres Gehirns als einer Rechenmaschine genommen. Vielmehr neigt unser Gehirn zur Konstruktion von Wirklichkeit, zum Weltentwurf. Das heißt, Wirklichkeit existiert in diesem Sinne nicht an sich, sondern sie wird im Prozeß unserer Wahrnehmung entfaltet, ja sie wird durch unsere Wahrnehmung erst erzeugt.

11

Die Sprache des Films ist deshalb so schwer zu analysieren, weil sie so leicht verständlich erscheint. Die Wirkmächtigkeit von Sprachsystemen liegt darin, daß ein wesentlicher Unterschied zwischen dem Zeichen und dem Bezeichneten besteht. Die Wirkmächtigkeit des Films liegt darin, gerade diesen Unterschied zu verschleiern oder aufzuheben.

12

Der literarische Text ist dem Film als Erkenntnismedium deshalb zunächst überlegen, weil der Film noch ganz dem Bereich des Sinnlichen, des Seh- und Hörbaren anzugehören scheint, während das Wort aus dem Strom der Töne zeichenhaft herausfällt und der Text vor allem Zeichen, also Zeigendes und nur im idiosynkratischen Sinne noch reines Bild, reiner Ton ist.

Wollte der Film zum ebenbürtigen Erkenntnismedium werden, müßten seine Bilder und Töne einen bezeichnenden Charakter bekommen: Schau! Genau das will ich dir mitteilen und nicht nur vorführen!

Ein großer Teil der Bedeutung eines Films erwächst bereits ohne eine bewußte Erfüllung dieser Intention nicht aus dem, was wir sehen, sondern aus dem, was uns nicht gezeigt wird und unserem kulturellen Vorwissen, unseren Vorurteilen und Projektionen überlassen bleibt.

13

Auf der Ebene des Bezeichneten ist Film ein Brennglas. Er hilft, von einem unfokussierten, nicht zentrierten Zustand der Dinge zu einer zentrierten Wahrnehmung zu gelangen.

Der Film bleibt aber tautologisch, solange die Kamera nicht mehr beabsichtigt, als das Auge des Beobachters zu imitieren. Erkennen heißt, eine Wahrnehmung aus der unmittelbaren Erfahrung in eine andere Sprache zu übersetzen.

Der Film wird erst dann zu einem poetischen Medium, sobald das Bild ein Mehr, eine Bedeutung außerhalb des Gezeigten enthält. Vor allem die Montage bestimmt die Lesart des Films.

14

Der Film hat als Erzählung begonnen, als ein audiovisuelles Analogon zum Roman. Er (re-)präsentierte eine Geschichte. Bilder und Töne standen nie nur für sich selbst, sondern im Dienst der Erzählung.

Das Paradoxon des Films als poetische Erzählung besteht darin, daß seine opto-akustischen Zeichen zu wenig und zugleich zu viel bedeuten. Das Filmbild enthält mehr als eine Aussage und läßt sich nur schwer auf ein eindeutiges, dem Wort vergleichbares Zeichen reduzieren. Es ist bewegter Raum, Bewegung im Raum, und kein Gegenstand.

Der Film ist nicht nur eine Sprache, er ist viele Sprachen. Sein Text ist polyphon und multilingual.

Zugleich läßt er unserem Gehirn zuwenig Raum für die Welterschaffung. Das Bild kann ein Zeichen sein, ist zunächst aber immer Bezeichnetes. Ein Zeichen stellt eher eine kognitive Funktion als eine optische Realität dar; es erfordert die Erschaffung des Bildes als Gegenstand des Zeichens im Bewußtsein des Adressaten.

Insofern ist das Zeichen mehr als das Bild, weil es alle möglichen Bildinhalte repräsentiert, während das Bild einen bestimmten Gegenstand zeigt.

15

Film ist ein System, das Bewegung in Abhängigkeit von Momenten reproduziert und den Eindruck von Kontinuität entstehen läßt. Statt in Begriffen denkt der Film in Bewegungs- und Affektbildern. Was schafft in einem derartigen System ein poetisches Interesse?

Unterscheiden wir bei der Wahrnehmung eines Films zunächst nur zwei Darstellungsebenen, Affekt und Aktion, so benötigen wir eine dritte Ebene, auf der der Film zum Text wird, eine Ebene der Zeichen, die auf Bedeutungen über den unmittelbaren Affekt und die Aktion hinaus verweisen.

Ist das Zeichenhafte und damit das Bedeutsame schon in der Darstellung des Affekts und der Aktion enthalten, oder muß es zusätzlich inszeniert werden, damit es »gelesen« werden kann?

Ist eine filmische Darstellung von »Zeichen« ohne die filmkonstituierenden Elemente Affekt und Aktion überhaupt möglich?

Natürlich könnte man behaupten, die Darstellung von Affekt und Aktion erhielten Zeichenhaftes bereits in der Wahl der Darstellungsmittel. Denn reine Zeichen ohne Darstellungsmittel gibt es nicht. Aber die Darstellungsmittel sind so wenig ein Begriff wie die Farben und die Auftragstechniken eines Malers.

16

Wenn der Film nicht in Begriffen denkt, vermögen seine Bewegungsbilder wenigstens Denkbilder, Denkbewegungen entstehen zu lassen, die nicht unbedingt auf Grund von Aussagen, sondern auf Grund eines Schocks, der nicht vom Bild, sondern vom Ausgeblendeten auf die Synapsen unseres Nervensystems überspringt, einen Projektionsfluß, also einen Akt der Poiesis hervorruft?

Wird *alles* gezeigt, gibt es das Ausgeblendete nicht, lähmt der Automatismus der Bilder jedes eigenständige Denken. Ihr unwiderruflicher Ablauf zwingt unseren Gedanken ihren Inhalt und Rhythmus auf. Allenfalls führt mir der Film die Ohnmacht meines Denkens, jeden Denkens vor.

17

Wenn die perfekte Illusion des kommerziellen Films gleichbedeutend mit der Paralyse meines Denkens ist, so beginnt die Poesie im Film mit einem Akt der Schwärzung, der Unterbrechung, des Stolperns und Stotterns, also der Desillusionierung.

Als Godards erster Spielfilm, *À bout de souffle*, Außer Atem, erschien, wirkte er wie ein Schock auf die Zuschauer. Mag er auch heute konventionell wirken, beeinflußte er doch eine ganze Generation von Filmemachern und veränderte radikal die Vorstellung davon, wie ein Film auszusehen habe. Was hat diesen Schock ausgelöst?

Godard erzählt diese an sich belanglose Geschichte von einem kleinen Gangster und seiner amerikanischen Freundin in einem Stil der Auslassungen. Der Sehgewohnheit entsprach die glatte logische Kontinuität der Hollywood-Produktionen, in der aufeinander folgende Einstellungen sorgfältig abgestimmt waren und ein vertrautes Repertoire an Überblendungen und Totalen verwendet wurde, um die kommende Szene vorzubereiten.

Godards Erzählweise hingegen ist kantig, zerklüftet, rastlos. Zeit und Raum werden übersprungen, voneinander verschiedene Schauplätze oder Begebenheiten ganz ohne Überblendungen rauh aneinander gefügt und Handlungen ineinander geschoben, in denen nur die wichtigsten Teile gezeigt werden. Zusammen mit einer ständig bewegten Kamera verkörpert der synkopenreiche, explosive Rhythmus dieses Films die existentialistische Lebensphilosophie des Regisseurs und seiner Generation.

Dieselbe Formsensibilität drückt sich in Godards Behandlung der Figuren und der Geschichte aus. Anders als der wohlwollende und allwissende Hollywood-Autor, der sein Publikum ins Vertrauen zieht und um Sympathie für seine Helden wirbt, zeigt Godard nahezu alltägliche, nicht ganz fertig gezeichnete Figuren, die zu enträtseln wir – wie im wirklichen Leben – aufgefordert sind.

Die Beweggründe sind häufig undeutlich oder liegen im Dunkeln, die Mitteilungen halten sich in Grenzen, die Dialoge sind von Kühle und Verweigerung gekennzeichnet. Handlungsablauf, Schnitt und Komposition sparen mehr aus, als sie erzählen.

18

Die Subversion im Kino beginnt, wenn im Zuschauerraum das Licht ausgeht. Das Kino wird zum magischen Ort: zu einem Ort der Möglichkeiten, der Utopien. Aber die Magie kann bereits enden, sobald die Leinwand hell wird. Der Film langweilt mich. Man könnte sagen, er schäumt. Dieser Bilderschaum füllt die Leinwand nicht auf Grund einer Perversion, sondern eines Geschäfts.

Will ein Film poetisch sein, muß er mir beweisen, daß er im tiefsten erotischen Sinne begehrenswert ist. Aber nichts tötet mein Begehren mehr, als *alles* zu sehen. Vor allem das Verborgene macht ein Objekt in unseren Augen erotisch, denn die Lust am Erkennen findet allein in meinem Kopf statt.

Wir sprechen von einem Textkörper, nie von einem Filmkörper. Der Film ist flach. Soll er Verführungskraft, soll er Poesie ausstrahlen, muß er einen eigenen Körper entwickeln. Nur ein Körper kann seinen eigenen Ideen folgen.

Wie kann so etwas Flaches wie ein Film einen Körper entwickeln? Indem wir den Bildern Raum geben, Kratzer, Risse, Sprünge, welche die glatte Oberfläche aufrauhen, perforieren, den Blick ins Leere stürzen lassen und ihm eine dritte Dimension eröffnen.

19

Der poetische Film ist auch der revolutionäre Film, denn Film ist dann am politischsten, wo er aus dem System springt, also nicht einfach opponiert, demaskiert, Grenzen verletzt oder überschreitet, sondern dem ganz Anderen, dem Unsystemischen Raum gibt, das nicht einfach ein *anderes* Bild sein kann.

20

Jedes Bild kann gesehen und gelesen werden. Aber unser Gehirn ist nur herausgefordert, sich ein eigenes Bild zu machen, wenn das gezeigte Bild eine gewisse Unschärfe enthält oder etwas Wesentliches (noch) nicht zeigt. Im Sinne der erwähnten Auden-Anekdote könnte man sagen, nicht die Lesbarkeit eines Textes oder Bildes, sondern seine *Fehllesbarkeit* gibt ihm seinen poetischen Reiz.

Die Bewegungen innerhalb des Bildfeldes wären vollkommen sinnlos, würden sie nicht etwas beschreiben, was sich im Verhältnis zueinander oder zum Ganzen *verändert*.

Im poetischen Film verweist jedes Bild auf ein *Off*, eine Welt jenseits des Feldrandes, in die das Bild eingebettet ist. Das Off ist nicht sichtbar, wird aber von uns Lesenden immer mitgedacht, ja miterschaffen.

Das Bild kommuniziert mit dem Off. Immer ist es möglich, daß unser imaginärer Blick in dieses Off fällt und einen Ausschnitt daraus sichtbar macht. Das Off ist das Universum. Wir Zuschauer sind Teil dieses Offs.

Auch Trurls Computerbarde lernt. Seine Gedichte werden dunkel, mehrdeutig, magisch und symbolbeladen, der Kreis schließt sich, wie seine ersten Versuche sind auch seine späten Werke hermetisch und kaum noch zu verstehen.

Die Avantgarde-Dichter reagieren mit Eifersucht und protestieren, ja werden sogar handgreiflich, so daß Trurl gezwungen ist, seine Maschine zu demontieren und auf einem fernen Astroiden weiterdichten zu lassen. Da der Elektropoet seine Meisterwerke nicht mehr drucken kann, strahlt er sie über den Äther aus, wodurch er immerhin noch uns Raumfahrer in tiefe Zustände lyrischer Ekstase versetzt.

Das Off, dieser Welten-Raum, wird von uns selber erschaffen, aber er ist uns unheimlich. Wir wissen, daß dieser Raum außerhalb des Bildfeldes existieren muß, aber wir können nichts Wahres darüber sagen. Es ist der Raum unserer Erwartungen und Projektionen. Es ist der Raum der Poesie.

Matthias Kroß
Die Poetik des Fremden

Einem Bonmot zufolge soll eine Laudatio dem Preisträger sein Werk erklären. Voraussetzung dafür ist aber, daß sich der Laudator das Werk des Preisträgers zunächst einmal selbst erklärt. Dies ist im Falle des Schriftstellers und Filmemachers Michael Roes einfach und schwierig zugleich. Es ist einfach, weil Michael Roes der Poet des Fremden *par excellence* ist und sich der Laudator folglich immer dann auf das Fremde im Werk von Roes berufen darf, wenn er nicht mehr recht weiter weiß. Es ist schwierig, weil es die Aufgabe des Laudators ist, dem Leser soviel Sicherheit und Vertrautheit im Umgang mit dem Werk zu schaffen, daß er mit der Fremdheit möglichst gut umgehen kann.

I. Grenzerfahrung

Roes' Werk umkreist in immer neuen Variationen das Thema der Grenzen, an der sich Fremdheit und Vertrautheit, die Unzugänglichkeit und Unerbittlichkeit des Anderen treffen mit dem Bestreben, diese Abständigkeit zu überwinden, sei es in Form einer hermeneutischen, also von kulturellen Vorurteilen geleiteten Usurpation, oder aber der respektvollen Anerkennung. Roes ist mit seinem Werk auf der Suche nach einer neuen Form des Verständnisses, das einerseits ohne die Pathosformeln wohlmeinender, aber in seiner Naivität verantwortungslosen Verständigungsversuche auskommt, gerade weil es zur *conditio humana* gehört, sich dem Anderen und dem Fremden stellen zu müssen. Roes' Arbeiten machen deutlich, daß in einem Zeitalter der fast universalen Begegnungsmöglichkeit mit dem Fremden nicht der Begriff der anverwandelnden Nähe als das Leitmotiv einer Beschreibung der Begegnung tauglich ist, sondern eher der Begriff des Prekären oder, vielleicht treffender noch, jener der *Ambivalenz*: Der Fremde, der sich in ein neues Gebiet, zu fremden Menschen wagt, ist per se ein Eindringling, aber immerhin auch ein Gast. Seine Andersartigkeit ist horizonterweiternd und doch bedrohlich; er erregt Neugierde und macht Verdacht; er bringt Geschenke und gilt doch vielen als Eindringling. Weil er ein Fremder ist, sieht er die

Dinge unvoreingenommen und richtig; eben weil er ein Fremder ist, versteht er von den Dingen zugleich herzlich wenig. Die alten Griechen bezeichneten mit dem Wort ›*xenos*‹ den Gast und Feind in einem; Hospitalität und Xenophobie waren für sie sozusagen Kehrseiten derselben Medaille – und sie sind dies wohl bis heute geblieben. Die Figur des Fremden transportiert so immer ein Moment der Faszination.

Und auch dieses Wort, das Wort *faszinosum*, ist, wie könnte es anders sein, ein doppel- oder gegensinniges: Es meint Zauber und Fluch zugleich, ein freies Spiel und ein Schicksal in einem; es stiftet Heimlichkeit und Unheimlichkeit gleichermaßen. Es bezeichnet den mutigen Akt, eine Grenze zu überschreiten, ohne vergessen machen zu können, daß jeder Grenzübertritt immer auch eine Grenzverletzung bedeuten mag. Die migratorische Lust am Unbekannten kann unvermittelt in den Schmerz der Alterität umschlagen. Die Freiheit, ein Fremder zu sein, ist gewiß ein Privileg, aber dieses Privileg kann im Extrem zu einer tödlichen Bedrohung werden.

Die Begegnung mit dem Fremden steht, um es mit Luhmann auszudrücken, unter der Bedingung doppelter Kontingenz. Die Kontingenzhaftigkeit von Informationen betrifft sowohl den Sender wie den Empfänger, denn es steht weder a priori fest, daß der Sender seine Mitteilung (diese kann auch aus körperlichen Signalen bestehen) adäquat formuliert, noch daß der

Empfänger sie angemessen decodiert. Wir wissen, daß bereits die *intrakulturelle* Kommunikation unter diesem Vorbehalt besteht; bei *interkultureller* bestehen kaum Institutionen, die diese Kontingenz zumindest »verfahrenstechnisch« bändigen könnten. Deshalb ist eine solche Kommunikation stets bis an ihre Grenze *belastet*; sie ist in einem gefährlichen Sinne *prekär*.

Jeder der an dem Austausch Beteiligten, seien es nun Individuen oder Gruppen, Gesellschaften oder ganze Kulturen, bringt notwendigerweise seine eigene Prägung in die Begegnung mit ein. Es gibt keinen gemeinsamen neutralen Boden, auf dem sie sich treffen könnten. Diese Tatsache ist so selbstverständlich, daß sie als Strukturbedingung für kommunikative Ereignisse zumeist übersehen wird. Gerade deshalb besteht eine der wichtigsten Aufgaben für eine Poetik des Fremden wesentlich darin, jene Situationen aufzuspüren, in denen diese Selbstverständlichkeit so gespannt erscheint, daß sie sich bis zur »Kenntlichkeit verfremdet«.

Zu diesem Zweck verknüpft Roes zwei für den Leser zuweilen überraschende, der Sache nach jedoch unzertrennlich miteinander verwobene ästhetische Darstellungsstrategien: Einerseits kombiniert er die Romanhandlung mit ethnologischen Beobachtungen und Reflexionen, und zum anderen unterbricht er den Handlungsfluß immer wieder mit zu parataktisch eingestreuten Szenen ausgestalteten Traumsequenzen,

Erinnerungsbilder und Reflexionen seiner Protagonisten, die sich wie ein Sperriegel in den Weg der Handlung schieben und den Leser zu Reflexionspausen zwingen. Daraus entsteht eine gegen die Suggestion der narrativen Geschlossenheit ankämpfende Handlungsstufung, die als Metaebene der Selbstreflexion des Narrativs, als eine Art Arbeitsprotokoll des Geschehens gelesen werden kann. Dank der Fokussierung der Erzählperspektive auf das Thema des Fremden allerdings führt der Roes'sche Perspektiven-Pluralismus nicht in die postmoderne Langeweile der beliebigen Sinnproduktion, sondern bricht die Handlung ästhetisch auf, um die Fragilität der Textur angesichts des offenkundigen Nicht- oder Kaumverstehens im Moment der interkulturellen Begegnung zu protokollieren. Die Darstellung des Fremden spiegelt sich in der Verfremdung der Darstellung.

Interkulturelle Begegnung *geschieht* zunächst als ein *factum brutum*. Hart läßt Roes die Figuren aufeinanderprallen, Unverständnis regiert die Szenerien: Im New Leydener Transvestitenmilieu geschieht ein Mord, inszeniert als ein »Coup der Berdache«[1] – jener kriegerischen Aktion, deren ritualisierte Ausführungsbedingungen den Status des Täters in der indianischen Gemeinschaft markieren. Die einem Krieger würdige Tat – hier die Nahme des Skalps als Zeugnis des gelungenen Coups – ordnet sich in eine an kosmologisch fundierten Ehrbegriffen ausgerichtete Weltsicht ein, die dem abendländischen Verständnis *toto coelo* getrennt zu sein scheint. In *Leeres Viertel Rub' al-Khali* (1996), seinem vielleicht reflexionsgesättigsten Roman, dreht sich die Doppelhandlung eines Expeditions- und eines Forschungsreiseberichts um die *in concreto* ausgetragene Situation der Schwierigkeiten, den eigenen Horizont der Vor-Urteile mit dem ebenfalls vor-urteilsgeladenen Horizont des Anderen auch nur an den Berührungslinien verschmelzen zu lassen. Zwei Zitate, beide aus dem Buch *Das Leere Viertel* genommen, mögen dies verdeutlichen. Im ersten geht es um die Reflexion des Erzählers auf die europäische Anthropologie, die sich dem Fremden ersichtlich mit einer »kolonialen strategie der beherrschung und ausbeutung der fremde(n)« näherte:

> Was habe ich hier zu suchen? Glaube ich wirklich, mit guten vorsätzen dem grundsätzlichen dilemma zu entkommen: Wie empathisch, introspektiv oder neutral ich mich auch immer verhalte, alle verhaltensweisen bleiben strategisch. Sie zielen darauf ab, die begegnung mit dem fremden zu einem kontrollierten, wiederhol- und überprüfbaren experiment zu machen. Alles zufällige, subjektive und singuläre in dieser begegnung verfälscht das ergebnis und raubt dieser wissenschaft die *empirische* legitimation.
>
> Selbst diese kritik repräsentiert nur den stand der gegenwärtigen anthropologischen reflexion. Warum wagen wir den schritt von einer empirischen zu einer hermeneutischen wissenschaft nicht? Wir können dem eurozentrismus nicht entkommen. Selbst die kritische reflexion ist teil der eigenen kulturellen kompetenz. (*Leeres Viertel*, 239f.)

Diesem unentrinnbaren Einschluss in die mitgeführten Reflexionsfiguren des Reisenden entspricht seine körperliche und kulturelle Ausgrenzung im Land der Fremden:

> Ein kurzer moment der erschöpfung überfällt mich, hier am staubigen straszenrand, in der tückischen hochlandsonne, die mir das gesicht versengt, ohne dasz ich ihre wärme spüre. Der status des unübersehbar fremden ist auf dauer anstrengend: mich ständig herausgehoben, beobachtet, kontrolliert zu fühlen, mich nie gehen lassen, in der menge verlieren zu können; mich selber kontrollieren, immer aufmerksam und freundlich sein und zurücklächeln zu müssen, weil ich nie nur mich selber, sondern immer den fremden an sich repräsentiere.
>
> Eine weile mag der status des besonderen meiner eitelkeit schmeicheln. Doch mit der zeit wird dieser status zu einem stigma.« (*Leeres Viertel*, 345)[2]

Sie steht jeweils in einem komplexen Kontext, der sie als nach allen Seiten hin offen erscheinen läßt und der doch durch das erdrückende Gewicht des so vielschichtigen eigenkulturellen Vor-Verständnisses fast hermetisch geschlossen ist. Ein jedes Mal stellen sich solche Fragen: Wie jetzt anschließen? Wie jetzt deuten? Wie jetzt nicht mißverstehen? Wie jetzt nicht aufgeben?

Michael Roes zeigt in seinen Romanen, daß solche Begegnungen Wagnisse sind, in denen die eigene kulturelle Identität aufs Spiel gesetzt werden muß, um Verständigung nicht von vornherein scheitern zu lassen. Er begreift die Kommunikation mit dem Fremden als *Einsatz* (und dies, wie die exotischen Theater seiner Reiseabenteuer belegen, im unmittelbaren Sinn des Wortes), in dem das Gleichgewicht des kommunikativen Austauschs immer unentschieden bleibt. Ist Fremdheit überwindbar in einer gelingenden, echten – wie der Kommunikationsphilosoph Jürgen Habermas sagen würde – »aufrichtigen« Kommunikation?

Diese Frage stellt sich für Roes gar nicht erst in der idealtypisierten Weise des Frankfurter Theoretikers Habermas. Habermas und seine Schule sind im Sinne von Roes »farblose« Denker, indem sie in ihrem Universalismus die Vielfarbigkeit der kulturellen Divergenzen im Laugenbad der eurozentrischen Rationalität zur Achromie der Vernunft entfärben.[3] Denn es geht ihm ja am Ende gar nicht um die *Überwindung* der Fremdheit, sondern um deren bloß temporäre, fragile Stillstellung in einer Weise der Begegnung, in der sie nicht länger als Barriere, sondern als eine nicht eliminierbare Begleiterscheinung des Aufeinandertreffens erscheint. So bezeugen die im *Leeren Viertel* immer wieder beschriebenen bemüht-verstohlenen Versuche, ein homosexuelles Begehren in zaghaften Blicken und Gesten zu bekennen, diese Fremdheit ebenso sehr, wie sie sie zu umgehen versuchen. Und das ohnmächtige Schwanken zwischen dem Verleugnen der eigenen Identität in der Fremde und deren Anerkennung durch Betonung der kulturellen Abständigkeit in dem grandiosen Dialog zwischen Schotenbauer und Schnittke in der Mitte des Bandes vermag dem Dilemma auf eine hilflos-paradoxe Art jenen »Spielraum« zu verschaffen, der in einem Zug die Möglichkeiten und die Grenzen der Verständigung umreißt.[4]

Die »Lösung« des Problems interkultureller Begegnung kann Roes deshalb in einer Art Schwebezustand belassen, weil das kommunikative Geschehen nur dem Anschein nach, aber nicht in der Tiefe, nach dem Modell eines rational austarierten Gleichgewichts der Diskurspartner funktioniert. Ihr konkretes Verhalten wird viel weniger durch ihre Vernunftbegabtheit und Zugehörigkeit zu einer »Kultur« gesteuert, sondern von jenen Antrieben, die aus den labyrinthischen Kavernen des im Körper beheimateten Begehrens, jenem ebenso abgründigen wie unerschöpflichen Reservoir, dem der Strom erlaubter und verbotener Wünsche, geheimer Sehnsüchte, unablässiger Symbolisierungen und unkontrollierbarer Sprachhandlungen entspringt, an die Oberfläche der Sprache dringt. Nicht wir halten das Ruder des Gespräches in der Hand, sondern unsere Körper werden auf dem Strom der Libido an die Ufer des Anderen getrieben und werden uns ihm stellen. In dem Schlußkapitel »Aufbruch« seines Romans *Leeres Viertel* beschreibt Roes dies folgendermaßen:

Ich wollte, etwas neues begänne. Ich würde es realismus ohne resignation nennen. [...]

Das denken in gegensätzen (fremd – vertraut / unentwickelt – entwickelt / traditionell – modern ...) behindert das gespräch. Jede kultur hat ihre eigenen denker, intellektuellen und künstler. Die gründe für die unterschiede im jeweiligen denken liegen nicht in den intellektuellen fähigkeiten, sondern in den unterschiedlichen sprachen begründet.

Doch können wir uns verständigen. Denn gemeinsam haben wir unseren körper.

Nicht kulturen begegnen einander, sondern gesichter, gerüche, stimmen. Die direkteste art, den anderen zu verstehen, ist, ihn als begehrenswert zu empfinden und ihm ein bewusztsein dieses werts zu vermitteln. (*Leeres Viertel*, 800)

II. Körper als Ort der Begegnung

Was auf der Ebene des Diskurses die Paradoxien des selbstreflexiven Vorurteils der eigenen Kultur ausmacht, wird in der gelebten Fremdheitserfahrung zur Ambivalenz distanzierter Nähe oder besser: befremdender Vertrautheit des anderen Körpers. Damit ist vielleicht die Kernkompetenz der Poetik des Fremden, wie sie Michael Roes meisterhaft ausformuliert, ihrem Wesensgehalt nach beschrieben: Kulturelle Abstraktionen werden auf Einschreibungen auf den oder in den Körper zurückgeführt.

Michael Roes hat diese Erfahrung nicht nur theoretisch beschrieben, sondern in grandiosen Selbstexperimenten am eigenen Leib gemacht und aus ihnen jene Darstellungskompetenz abgeleitet, die seine Romane durchzieht. 1960 in Rhede geboren, lebt Roes seit den 80er Jahren in Berlin und ist während des Studiums mit der damals neuen französischen Philosophie der Semiologie, der Machttheorie und dem Alteritätsdenken in Kontakt gekommen. Nach einem Diplom in Psychologie und der Promotion zum Dr. phil. verläßt er die Universität und wird Schriftsteller, Theaterautor und Filmemacher. Zugleich bricht er zu ausgedehnten Abenteuer- und ethnologischen Reisen in den Orient, in die USA und nach Afrika auf. Seine Erfahrungen verarbeitet er in zahlreichen erfolgreichen Romanen, wie die bereits besprochenen – *Leeres Viertel / Rub' al-Khali*, *Der Coup der Berdache*, *Haut des Südens* (2000) oder *Weg nach Timimoun* (2005). Für seine Arbeiten wird er wiederholt mit Preisen und Stipendien ausgezeichnet. So erhält er 1992 den Else-Lasker-Schüler-Förderpreis und 1997 den Bremer Literaturpreis. Daneben erarbeitet er Verfilmungen mythischer und klassischer literarischer Stoffe, etwa Shakespeares *Macbeth* (2001) mit Laiendarstellern im Jemen oder *Timimoun* (2004), eine nach Algerien versetzte Adaption der *Orestie*.

Wenn Poesie das als wirklich hinzustellen vermag, was in unserer Alltagsrealität als bloß möglich scheint, ohne selbst unwahrscheinlich zu sein, dann ist Michael Roes ein neuer Mytho-Poet. Denn in seinen

Büchern gibt er den Mythen jene Präsenz zurück, die die Realität stets übersteigt und gerade deshalb eine sie formende Kraft zu entfalten vermag. Wie der Mythos selbst sehen wir seine Texte virtuos mit Sprecherpositionen, Wirklichkeit und Traum, Epiphanie und Entzauberung spielen. Fern aller voreiliger und am Ende dumm bleibender Aufklärung läßt er dem Mythos und seinen überwältigenden Bildern das ihnen eigene Schwergewicht. Ein solches Bemühen um die Authentizität jener Erfahrungen, die sich nicht der entzaubernden Rede fügt, sondern sich in der a-temporalen Gegenwart der mythischen Erzählung authentisch bewahren läßt, wird den einen oder anderen Leser zuweilen erschöpfen, einige möglicherweise gar überfordern, doch spricht es gerade für den Autor, hier keine falschen Kompromisse eingehen zu wollen – oder auch nur *zu können*.

III. *Jizchak*

Neben den Romanen als konkret gewordene Ethnopoetologie des Fremden hat Roes schon früh eine Art Programmschrift vorgelegt, auf die ich im folgenden näher eingehen möchte, weil in ihr das später literarisch ausgeformte Projekt einer Poetik des Fremden programmatisch vorgezeichnet ist: *Jizchak. Versuch über das Sohnesopfer* aus dem Jahr 1992. Es handelt von den ägyptisch-semitisch-indoeuropäischen Wurzeln der Vater-Sohn-Beziehung: Abraham, der Vater der Völker, schickt sich an, auf Geheiß Jahwes seinen spät gezeugten Sohn Isaak (*Jizchak*) auf dem Berge Morijah zu opfern. Einem Gemälde des berühmten italienischen Frühbarock-Malers Caravaggios zufolge, das Roes zur szenischen Verdeutlichung heranzieht, sieht man den greisen Vater, wie er in einer dramatischen Geste mit der Linken das Genick des gefesselten Knaben auf den Opferstein drückt und mit der rechten Hand, die das Opfermesser fest umklammert, zum Schnitt ansetzt. Ein Engel des Herrn fährt in diesem Moment dazwischen und verweist Abraham auf einen Widder als Ersatzopfer, der sich in einem nahen Gebüsch verfangen hat.

In der gängigen Deutung bedeutet die Intervention des Herrn einen Zivilisationsfortschritt, indem das Menschen- durch ein Tieropfer ersetzt wird. Roes hingegen, der Poet des Fremden, betont bewußt einen ganz anderen Aspekt. Ihm ist darum zu tun, die Ambivalenz des Geschehens herauszuarbeiten, in der das Heilige und das Verruchte, die Lust und der Tod, gleichermaßen präsent sind. Ich zitiere zur Illustration dieser Ambivalenz eine längere Kostprobe aus *Jizchak*:

Unter dem gnadenlosen zugriff des vaters windet sich Jizchaks nackter, knabenhafter körper, jedem miszbrauch preisgegeben, auf dem kalten fels. Sein mund ist weit aufgerissen vor entsetzen, unglauben und schmerz, seine hände liegen, jeder handlungsfähigkeit beraubt, auf dem rücken verrenkt in fesseln. Strick lautet im griechischen *tonos*, die etymologische wurzel für unseren ton: klang laut wortlaut farbton.

Ferner bezeichnet *tonos* dehnung (der zeit, der geduld, der sehnen, der stimmbänder), streckung (der gliedmaszen, des urteils, der mittel und lösungen) und spannung.

Die *schrift*, der wort-laut, enthält beide dimensionen des *tonos*: das zeichenhafte, kalligraphische, und das lauthafte, lautmalerische element. Die schrift erscheint als mäandernder fluszlauf oder unebener landstrich, aus noch gröszerer ferne als flächendeckendes gradnetz: als textur. Sie erklingt als straffgespannte saite oder sehne, schwingt in graphischen und akustischen unruhen und trifft, noch ehe ihr ton ganz verklungen.

Sie steckt ab, legt fest, verbindet, bindet sinne.

In der jüdischen exegese ist nicht von der *opferung* Jizchaks, sondern von seiner *bindung* die rede.

Jizchak ist handlungsunfähig, aber nicht ohnmächtig. Seine sinne sind hellwach, seine gliedmaszen zum zerreiszen gespannt.

Abrahams fesseln sind stärker, sind unlösbar: Er steht im *bunde* mit Gott.

Im biblischen hebräisch wird ein bund nicht geschlossen, sondern *geschnitten* [...]. Ein ähnlicher ritus wird noch immer von den stämmen der Male und Baha im südwesten Äthiopiens gepflegt: Der mann, der den bund *schneidet*, beschmiert sich mit dem blut der zerstückelten tiere. – Nach dem *bris milah*, dem jüdischen beschneidungsritual, ist es brauch, dasz sich die anwesenden mit dem vom beschneidungsblut getränkten wasser das gesicht waschen.

Die bedeutung des opfers bei einem vertragsabschlusz oder einer eidesleistung liegt sowohl in seinem beschwörenden als auch in seinem reinigenden wesen. Der ambivalente charakter ist in der lateinischen bezeichnung für opfer, *sacrificium* (sacer facio: heilig machen), noch offenkundig: *sacer* bedeutet sowohl heilig, unversehrt, als auch verflucht, verwünscht, der vernichtung geweiht.

Gemeinsam ist beiden bedeutungen die aura des verbotenen, des unantastbaren. (*Jizchak*, 66–68)

Roes verdeutlicht diesen metamorphotischen Wortzusammenhang zwischen dem Heiligen und Verfluchten in höchster poetischer Verdichtung am Beispiel des tödlichen Kampfes zwischen Kain und Abel um die Gunst Jahwes: »Zwei muskulöse männerkörper, morphographisch licht und schattenblatt des gleichen ruders, eingetaucht. Vielleicht auch nur ein eisiger reflex auf der bewegten wasseroberfläche. Zwei achsen, arme, stamm. Zwei halbe kreise, körper, krone, faust und fusz. Der dolch wird zum geschlecht, der kampf zu einem mörderischen liebesakt.« (*Jizchak*, 101)

Zurückbezogen auf den in der Opferung *Jizchaks* aufscheinenden Vater-Sohn-Konflikt heißt es ganz ähnlich: »Das [auf den Opferstein] niedergezwungene Fleisch, die aufgerichtete klinge, das *thema*, der messerscharfe phallos, das zeugungs- und erziehungsgerät.«

Solche Metamorphosen und Bedeutungswechsel der Worte erzeugen Sinnketten und Verwindungen, die in die Oberfläche der Ereignisse einschneiden und in wahrstem Sinne des Wortes unter die Haut gehen. »Haut« ist dabei für Roes mehr als nur eine Metapher: Sie ist (nach Entfernung der Kleidung, die Maske des Körpers) jene Membran, die an der Schnittstelle der Begegnung der poetischen Einschreibung als Folie dient.

IV. *Ricercare*

Der Mythos ist der Raum einer wilden Anthropologie, in der nichts Geringeres als der permanente Ausnahmezustand erprobt wird. Können wir ihn zugunsten einer kulturellen Ordnung überwinden? In *Totem und Tabu* aus dem Jahre 1917 hatte Freud die These gewagt, daß durch den Kulturfortschritt und die damit steigende Ich-Stärke gegenüber dem Es (»Wo Es war, soll Ich werden«) die Ambivalenzkonflikte des primitiven Bewußtseins gelöst werden dürften. Roes greift Freuds These in seinem *Jizchak*-Buch auf. Anläßlich seiner Beschreibung des altorientalischen Apsu-Mythos, in dem es um den mörderischen Konflikt zwischen dem herrschenden Vater Apsu und seinen um ihr Überleben kämpfenden Söhnen geht, schreibt er:

Mythos dramatisiert diesen urkonflikt: Ea, der jüngste der jungen götter, stellt sich der auseinandersetzung mit dem vater. Ihn kennzeichnen klugheit, wissen, realitätssinn, mut. – Betrachten wir mythen als projektion innerer kräfte und konstellationen auf äuszere ereignisse, so lieszen sich die attribute Eas als typische *ich*-qualitäten deuten. Das *ich* als jüngste instanz des psychischen apparates hätte die triebhaften impulse des *es* mit den mörderischen ansprüchen des über-ich und den anforderungen der realität zu versöhnen. (*Jizchak*, 24f.)

Wie Jacques le Rider bemerkt hat, war der Mythologe Freud im Verlaufe seines Lebens selbst von der »Akropolis« zum »Sinai« unterwegs.[5] Doch im Gegensatz zu Roes entwirft Freud eine Überwindungsgeschichte des Mythos: der jüdische Moses-Mythos erscheint als eine durch die Griechen und sodann das Christentum überwundene Gestalt: Die Stimme des Nomadengottes Jahwe wird gleichsam vom Chorgesang der griechischen Tragödie übertönt und in der Symphonie von Vernunft und Glaube zum Verstummen gebracht.

Für den Poeten des Fremden ist der archaische Mythenbestand hingegen weit mehr als eine Schublade im überquellenden Schrank unseres kollektiven Gedächtnisses. Er ist vielmehr das Echolot, das eine reale, aber schwer greifbare Präsenz registriert. In *Jizchak* läßt Roes daher im Getöse der Götterschlachten ein musikalisches *ricercare* der Gegenwart erklingen. Mit dem Ausdruck *ricercare* überschreibt Roes seine in das dramatische Geschehen des Mythos eingeschriebenen Reiseeindrücke in Israel-Palästina. Zugleich sind die *ricercare* eine Fakten und Fiktionen, Bilder und Wahrheiten mischende, melodiöse Einpassung der Gegenwart in archaische Muster. Das *ricercare* – in der Musikgeschichte eine Bezeichnung für improvisierte Stücke, populär seit den Zeiten des Caravaggio, später zur Fuge formalisiert – dienen Roes also in einem als Interludien zwischen den Akten des mythischen Urgeschehens *und* als deren fernes Echo. Der reisende Tourist, ein »Fremder«, wie er selbst ihn/sich bezeichnet, durchquert die von ursprungslos gewordener Gewalt und Gegengewalt gezeichneten Städte und Landschaften, bewehrt mit einer Kamera. Das Motiv der Kamera als Medium der nicht-mythologischen Grenzerfahrung begegnet uns bei Michael Roes häufig. Sie ist für ihn eine moderne Metapher der Ambivalenz. Er schreibt: »Die photographische geste des Fremden erscheint als verfehlte bemühung teilzuhaben.« – Bezogen auf den »alltäglichen Ausnahmezustand«, der in der Region vorherrscht, ist der photographische Akt zudem ein »akt der vergewaltigung« (*Jizchak*, 39), ein Akt jener Rücksichtslosigkeit gegenüber dem Opfer, die trotz ihrer körperlichen Intimität keine Nähe entstehen läßt. Der Bann des Fremden wird gerade durch Nähe nicht gebrochen, der Mythos wirkt fort.

Fremdtönend, aber unabweisbar ist der Entsetzensschrei des Mythos. Er entringt sich der gefühlten Macht des Geschehens; aber er ist niemals der Protestschrei einer vergewaltigten Vernunft, sondern die akustische Signatur einer Überwältigung, gegen die der Logos nichts auszurichten vermag. Im Gegenteil: Die Arbeit des Mythos besteht darin, eine eigene Logik zu stiften, die das Monströse anspricht und nicht als Verdrängtes andere zu übertönen versucht. In seinen Romanen, Erzählungen und Filmen zeigt uns Roes, daß es die Aufgabe einer Poetik des Fremden ist, die Arbeit des Mythos nicht mit den Formeln des Syllogismus und dem Seziermesser der Vernunft zu analysieren und dabei zu Tode zu bringen, sondern sie zu bezeugen, auch gegen das Entsetzen, das sie beim Leser immer wieder hervorrufen wird. So schmeckt die grausame Virtuosität der Marter in den ausgeklügelten und mythologisch durchgebildeten Tötungsritualen der Indianerstämme Nordamerikas, die im *Coup der Berdache* in kaum erträglicher Ausführlichkeit dem Leser vorgetragen werden, ebenso wie die an Conrads *Heart of Darkness* erinnernde perverse Monstrosität des *David Kanchelli* nach den salzigen Tränen des Eros, die dieser beim Anblick der geschundenen Kreatur vergießt.

Die erlebte Gegenwart des Fremden, der sich Roes in seinen Reisen immer wieder aussetzt, wandelt sich in seiner Darstellung in eine Beschreibung des mythischen Leibes, in dem das Eigene und das Fremde, *hospis* und *hostis*, in ein und derselben Bewegung vereint und voneinander geschieden werden. Leben unter den Bedingungen der Fremdheit heißt, an den Wechselfällen dieses Leibes teilzuhaben, ihnen ausgesetzt zu sein. Es geht nicht um Schuldig oder Unschuldig, Besonnen oder Fahrlässig, Kühn oder Feige – das mythische Geschehen *geschieht* grundlos, keinem menschlichen Gesetz gehorchend. Es antwortet auf ein Begehren, das allen Körpern gemeinsam ist und das sie eben deshalb als Individuen negiert. Dieses Begehren ist beides zugleich: Es ist Ausdrucksform für und Antwort auf das polymorphe, jede Ordnung und Logik pervertierende Begehren. Seine Einschreibefläche ist die Haut als die Membran des Körpers, welche die Schockwellen der mythischen Ursituation auffängt und deren Schwingungen in den Leib eingraviert. Der Mythos markiert eine Grenze, indem er sie von beiden Seiten zu betrachten lehrt. Folgender Dialog aus *Jizchak* über die homosexuellen Erfahrungen des israelischen Freundes des »Fremden« in seiner Armeezeit kann dafür als Beispiel dienen:

> Meine militärische initiation ist kein versuch der grenzüberschreitung gewesen. Den versuch meiner kameraden empfinde ich im gegenteil als grenzziehung, ein einrammen von zaunpfählen.
>
> Du sagst, gäben wir dem lustvollen, das heiszt: perversen verlangen nach, entstünden mythen. Brächen sich die zerstörerischen impulse bahn, konstituiere sich religion

(...). Der paradiesische garten werde eingezäunt, der zugang von einem erzenen paladin mit flammenden schwert bewacht. (...)

Der perverse inszeniere auf immer neue, noch lustvollere weise das traumatische drama: die übertretung, die entdeckung und die vertreibung. Er weide sich an der erinnerung, an der wiederholung.

Du spürst, daß ich mit deiner deutung unzufrieden bin.

Du fragst, ob du zu weit gegangen seist. – Vielleicht. Jedes mitgeteilte wort ist ein verlust.

Wie beim ersten mal erschrecke ich vor deiner berührung. Du bist, wenn du dich mir anvertraust, mir fremder denn je.

Gehen wir, sagst du. (*Jizchak*, 159)

Der Deutungskonflikt, der in diesem Gespräch aufbricht, bildet die Folie jeder mythischen Ambivalenz, denn der Mythos stellt eine ursprüngliche Verfremdung (»Perversion«) dar, ebenso wie er diese durch eine Formgebung (»Grenzziehung«) einhegt. Der Mythos stiftet keinen übergreifenden Sinn, sondern agiert diese Fremdheit sinnhaft aus. Er speist seine Narrative mit einer gewaltigen Verausgabung von Begehren und Menschlichkeit, die in nachmythischer Zeit die Perversionen zügelt und das Normale konstituiert.

Der 2005 erschienene Roman *Weg nach Timimoun*, vom Autor selbst verfilmt, exekutiert dieses mythologische Gesetz an einem Geschehen im modernen Algerien. In Spiegelung der antiken Vorlage, die *Orestie* des Aischylos, läßt Roes den jungen Laid in das Heimatdorf zurückkehren, um den Tod seines Vaters zu rächen. Je weiter sich Laid und sein Reisebegleiter von der Großstadt entfernen, desto mehr muß die Freundschaft der Fremdheit weichen, verdunstet das Humane unter der sengenden Sonne des schicksalhaften Geschehens. Das grausame Gesetz von Rache und Ehre zerbricht den geteilten Alltag der Freunde; und es hält noch nicht einmal einen Lohn für das Handeln nach der Sitte der Vorväter bereit. Laid, die algerische Verkörperung des Orest, ein Kind der Modernität und der französischen Großstadt im heutigen Algerien, wird von der Schwester mit einem Brief zur Rache am ermordeten Vater gemahnt und zur Rückkehr in jenes ferne Dorf aufgefordert, in dem das Verbrechen sich zugetragen hatte. Er weiß, daß er dieser Aufforderung Folge leisten wird, denn

> er muss sich eingestehen, dass er in Wahrheit dieses Dorf in der großen Stadt immer im Kopf mit sich herumgetragen hat.
>
> Die neuen Freunde in der Stadt verstehen nicht, warum ich nicht trinke, den Mädchen nicht hinterherpfeife. Sie sagen, du bist doch weit weg von deinem Dorf. Hier bist du frei! – Nein, ich bin nicht frei. Jeder teetrinkende Alte ist mein Vater, jedes kopftuchtragende Mädchen auf der Straße meine Schwester.
>
> (*Weg nach Timimoun*, 26)

Also kehrt er zurück in das kabylische Heimatdorf Timimoun, bewehrt mit einer Kamera, jenem Epitheton der Modernität, das uns bereits in *Jizchak* als Metapher der nicht-teilnehmenden Teilhabe begegnet ist. Seine Reise gerät zur Zeitreise zurück in die archaische Gegenwart des Mythos. Jedes Abenteuer auf dem Weg gerät zu einem sich immer mehr verdichtenden Zeichen von dessen Anwesenheit, und es ist verräterisch, daß die Kamera irgendwann unterwegs zerbricht und zurückgelassen werden muß. In Timimoun angekommen, vermag sich Laid/Orest der Zwangsgewalt einer Erzählung am Ende nicht zu entziehen, die seinen Willen übersteigt und ihm unwiderstehlich die Hand führt.

Ich hatte erwähnt, daß Michael Roes, anders als Freud, nicht von einer Rationalität des Mythos im Sinne einer syllogistischen Logik, sondern von dessen poetischer Binde- und Bildungskraft ausgeht. Er organisiert das Begehren, von dem er zehrt, und bindet es in die Verschlingungen poetischer Handlungsstränge. Freud wollte den Mythos entzaubern, ihn zum Hilfsagenten seiner rationalen Therapie ernennen. Das Ich sollte anstelle des Es treten; ein Gewinn schon, wenn dies in der Therapie auch nur zum Teil gelänge. Trotz aller Tatsachen zum Gegenteil, die ihm selbst nach eigenem Bekunden hart zusetzten, hielt er an dieser wissenschaftlich-aufklärerischen Idee bis an sein Lebensende fest.

Michael Roes ist Dichter. Er ist Kenner einer anderen, tieferen Wahrheit. Für ihn besteht die Faszination des Mythos gerade in seiner Unverfügbarkeit. Der Mythagoge Freuds ist der im Namen der Rationalität therapiebedürftige Neurotiker; der Mythagoge im Sinne von Roes ist der Poet, der in die Keller einer ungezügelten Anthropologie unterhalb der lichten Vernunft vordringt. Der Poet stellt dar, was ein anderer, etwa der Wissenschaftler, rational zergliedert; der eine beschreibt und verfugt die konkreten Ereignisse zu einem Narrativ, der andere sucht nach deren verborgenen Struktur und einer rationalen Enträtselung des Geschehens.

VI. Das Beispiel der Haut

Ich möchte dies erneut am Beispiel der Haut erläutern. In *Jizchak* werden die jüdischen Beschneidungsrituale, also die Zirkumzision der männlichen Vorhaut, ausführlich dargestellt. Für die Israeliten besiegelt sie den Bund mit Gott.

In dem Buch *Die Haut des Südens. Eine Mississippi-Reise* geht es nur vordergründig um eine touristische Low-Budget-Tour entlang des Flusses bis zur Mündung. Persönliche, ohnehin schon mit der Erfahrung der Fremdheit gesättigte Reiseerlebnisse in den amerikanischen Südstaaten sowie eine Liebesbeziehung bilden gleichsam nur die äußere Hülle der Erzählung.

In Wahrheit handelt es sich um die Rekonstruktion eines mythischen Bundes der Haut mit dem Narrativ des Sozialen, das das göttliche Gebot ersetzt. Dieser Bund wird im Roman an Mark Twains latentem Rassismus, Herman Melvilles tätowierten Seefahrergestalten, in den Apartheid-Urteilen des amerikanischen Gerichtshofes oder an den Schriften Faulkners und Hemingways rekonstruiert. Doch offenbaren diese literatursoziologischen Betrachtungen zur Haut weit mehr als nur eine Markierung körperbezogener Identität. Die Haut selbst erlangt eine poetische Kompetenz, weil sie in ihrer Färbung, Gerbung, Ritzung oder in ihrer Unberührtheit zu einer lebenden Maske wird, hinter der sich die Fremdheit ihres Trägers ebenso sehr verbirgt und offenbart. Wenn in *Jizchak* der Mythos der außermoralische Raum ist, auf den hin sich das Gesetz der Kultur intellektuell entwerfen kann, so ist hier die Haut wieder das lebende Organ, auf dem sich dieser Mythos greifbar einschreibt. Bezeichnenderweise trägt der Autor selber eine solche Einschreibung an sich: Seine Haut, durch eine virale Infektion bereits bei Ankunft am Mississippi sichtbar entstellt, infiziert sich im Verlaufe der Reise und den kumulierenden Erzählungen von der Entmenschlichung und dem Unrecht der Sklaverei immer mehr mit den Parasiten des Flusses. Sie wird zum kranken Spiegelbild einer kranken Gesellschaft, die ihr Unrecht nur hinter einer Fassade kruder rassistischer Erzählungen verbergen kann. Einzig Herman Melvilles Meistererzählung *Moby Dick* setzt dem rassistischen Gesetz der Farbentrennung die visionäre Hochzeit der Farben in den Anfangsszenen seines Mytho-Romans entgegen. Dem mit Tätowierungen überzogenen Quiquek gelingt es, das Entsetzen seines Anblicks mit der Attraktion des Fremden ins Gleichgewicht zu setzen und das mit dem Erzähler geteilte Zimmer in ein Hochzeitsgemach zu verwandeln.

VII. *Drei Vorlesungen zur Poetik des Fremden oder von den* outopoi *des Begehrens*

In seinen Poetik-Vorlesungen fügt Roes seinen Nachforschungen über das Fremde weitere Facetten hinzu. *Der Tod des Vaters*, die erste Vorlesung, spielt mit dem Motiv des abwesend-anwesenden Vaters. Am Beispiel der *Phaedra* – in der Version des Aischylos und in der Fassung Racines sowie in der Abwesenheit dieses mythischen Motivs in der Psychoarchäologie Freuds – wird eine über die Figur des Vaters kodierte Mutter-Sohn-Beziehung als Spielmuster eines verbotenen Begehrens entziffert. *Phaedra*, gekränkt durch die Zurückweisung ihres Begehrens durch den Stiefsohn Hippolytos, der eine andere liebt, bezichtigt diesen gegenüber Theseus, ihrem eigentlich totgesagten, dann aber doch von seinen Abenteuern lebend zurückgekehrten Gatten, sich ihr unsittlich genähert zu haben. Theseus verflucht daraufhin seinen Sohn und führt auf diese Weise dessen Tod herbei.

Roes gewinnt aus der Konstellation des einseitigen, aber unerwiderten Begehrens den Schlüssel zum Verständnis des Mythos. Daß ein erwidertes Begehren zwischen Vater und Sohn unstatthaft ist, zeigt Theseus' unstillbarer Haß auf den Sohn, der ihm angeblich die Gattin nahm; daß die Zurückweisung des Begehrens der Mutter nach dem Sohn unerwidert bleibt, ist hingegen, wie Roes feststellt, die Ausnahme und setzt ein tragisches Geschehen in unentrinnbaren Gang.

> Vom Beginn der Tragödie an will Phädra sterben, nicht nur aus einem Gefühl der Scham heraus, sondern auch aus einem der *Unansehnlichkeit*. Hippolytos blickt sie nicht so an, wie sie ihn anblickt, er schaut sie nicht an, wie sie von ihm angeschaut zu werden wünscht. Daß Mütter ihre Söhne lieben, ist zu keiner Zeit an kaum einem Ort je fragwürdig. In der Regel nehmen es die Söhne gelassen oder mit leichtem Unwillen hin. Wenn es den strengen, eifersüchtigen Blick des Gatten und Vaters nicht gäbe, eifersüchtig auf die Gattin wie auf den Sohn, wie viele Mütter würden das Begehren der Phädra in sich entdecken!
>
> Ohne den Vater gäbe es die Tragödie vermutlich nicht. Ödipus dürfte ungestraft seine Mutter heiraten, und Phädra dürfte ohne Furcht ihren Stiefsohn verführen. (*Tod des Vaters*)

Wenn der Mythos, in dem es weder Sieger noch Verlierer geben kann, sondern nur eine Kanalisation des Begehrens, das Tabu des Patriarchats auch um den Preis der Katastrophe aufrichtet, so ist für Roes eine »Perversion« des Gesetzes gefordert, welche Möglichkeiten zu einem konstruktiven Ausleben des Begehrens eröffnet. »Perversion« meint für Roes keineswegs den lustvollen Tabubruch zur bloßen Steigerung des Begehrens, sondern die Um-Lenkung des Begehrensstroms in einer Weise, die ihn nicht länger in die Bahn der Vernichtung des Humanen drängt, sondern im Gegenteil positiv eine emanzipierte Form des Menschlichen aufzeigt. In seinen anderen zwei Vorlesungen zeigt er Beispiele in der Tradition des Phädra-Themas auf, die aus dem Bereich des Films stammen, und reflektiert die cineastischen Anforderungen für eine poetologisch angemessene Darstellung eines befreiten Begehrens.

Mit der Perversion des Begehrens zu einem befreiten Akt der Begegnung könnte der Körper jene instantiierende Bedeutung zurückgewinnen, welche die abendländische Moderne dem unkörperlich-einsamen Ich der *res cogitans* und den Tiefenschichten seiner Psyche zugewiesen hatte. Wenn der Körper die Haut des Schicksals und des Fluchs ist, wie Roes in seiner Phädra-Vorlesung andeutet, dann ist er weit mehr als eine *res extensa*, zu der sie ein sich modern dünkendes Denken reduziert hatte: Er ist eine Landschaft, ein gegliederter Raum der Potentialität, gierig nach Begegnung, Einschreibung und Formung. Interkulturalität als Ort des Fremden hieße dann: die Verheißung des Körpers aufnehmen und in ihn transkribieren. Er wird zum Topos des Noch-Nicht, zu einer immer schon konkreten Utopie, indem Perversion und Glück sich gegenseitig bedingen.

In *Haut des Südens* wird das Glück wie eine den Griechen vertraute ort- und zeitlose Epiphanie der Überschreitung bezeichnet. In der hier abgedruckten Vorlesung *Perversion und Glück* erscheint es nicht als *metexis*, sondern als eine Geste der revolutionären Phantasie, als ein Ans-Licht-Bringen des in unserer Kultur bisher Undenkbaren:

> Wenn wir Perversion im Sinne Roland Barthes' als revolutionären Akt begreifen, gilt Che Guevaras Wort: Auf die Gefahr hin, mich lächerlich zu machen, möchte ich sagen, daß der wahre Revolutionär von starken Gefühlen der Liebe geleitet wird.
>
> Glück ist kein neutraler Zustand von Harmonie und Balance, Glück ist eine gewaltsame Geste, die dieses Gleichgewicht stört, ein Ausnahmezustand: Es kann sein, daß ihr hart sein müßt, aber verliert nicht eure Zärtlichkeit. Es kann sein, daß ihr die Blumen brechen müßt, aber dies wird den Frühling nicht aufhalten.
>
> Das erinnert kaum zufällig an Paulus' Brief an die Korinther: Und wenn ich all meine Habe austeile und wenn ich mich verbrennen lasse, doch die Liebe nicht habe, nützt es mir nichts. [...]
>
> Die Perversion Roland Barthes' wie die revolutionäre Liebe Che Guevaras hingegen richten sich vor allem gegen eines: die allumfassende »Liebe« des internalisierten Vaters, die es so blendend versteht, uns in diesem Netz aus Fürsorge, Entmündigung und Schuldgefühlen verstrickt zu halten. (*Perversion und Glück*, 59)

Manchem mag die Verbindung von »revolutionärer Gewalt« und »allumfassender Liebe« problematisch erscheinen. Dennoch scheint es schwierig, das menschliche Begehren, gleichviel, ob es in der normierten Form des abendländischen Patriarchats oder in der pervertierenden Variante befreiter Liebe gefaßt wird, von den verstörenden Phänomenen der Überwältigung zu trennen. Das Begehren ist per se eine Form der Überschreitung, der Unkontrollierbarkeit. Es bemächtigt sich der Menschen und entzieht sich damit einer spezifischen Form der Moralität. Es bleibt uns fremd, und allein das Kunstwerk ist der ortlose Ort, wo es sich beheimatet fühlen wird.

1 Roes, *Der Coup der Berdache*, Berlin 1999, [2]2001.

2 Vgl. auch *Leeres Viertel*, 420 (»Fremder«).

3 Vgl. *Der Coup der Berdache*, 319.

4 *Leeres Viertel*, 552 – 558.

5 Jacques le Rider: *Freud – von der Akropolis zum Sinai. Die Rückwendung zur Antike in der Wiener Moderne*, Wien 2004.

Die hier versammelten Texte wurden im Rahmen der *Alice-Salomon-Poetik-Dozentur* am 5. November 2006, 12. November 2006 und am 26. November 2006 im Roten Rathaus Berlin als Vorlesung gehalten. Der Text von Matthias Kroß ist die Laudatio aus Anlaß der Verleihung des *Alice-Salomon-Poetik-Preises*.

Verlag und Autor danken der *Alice-Salomon-Fachhochschule* für die freundliche Unterstützung.

Erste Auflage 2007

Göhrener Str. 7, 10437 Berlin, info@matthes-seitz-berlin.de

www.matthes-seitz-berlin.de

Druck und Bindung: Elbe Druckerei, Wittenberg
ISBN 978-3-88221-898-5